KB109540

나는
남자를
버리고
싶다

지은이 최광현

한세대학교 상담대학원 교수이자 트라우마 가족치료 연구소장. 연세대학교 대학원을 마치고 독일
본대학교에서 가족상담학으로 박사학위를 받았다. 이후 독일 본 대학병원 임상상담사와 루르(Ruhr)
가족치료센터 가족치료사로 활동하면서 국내는 물론 유럽 여러 나라의 수많은 가족들이 안고 있는
갈등과 아픔을 목도했다. 그간의 가족상담 연구와 임상 사례를 엮어 2012년 『가족의 두 얼굴』을 출간
했는데, 이 책은 전국 5만 독자에게 감동을 주었으며 2012년 문화부 우수교양 도서, 2013년 원북원부
산운동 도서로 선정되기도 했다. 또 현재도 많은 독자들에게 꾸준히 읽히고 있다.

2013년 8월 30일 초판 1쇄 펴냄
2013년 9월 23일 초판 2쇄 펴냄

지은이 최광현
펴낸곳 부키(주)
펴낸이 박윤우
등록일 2012년 9월 27일
등록번호 제312-2012-000045호
주소 120-836 서울 서대문구 신촌로3길 15 산성빌딩 6층
전화 02) 325-0846
팩스 02) 3141-4066
홈페이지 www.bookie.co.kr
이메일 webmaster@bookie.co.kr
ISBN 978-89-6051-338-9 03180

사랑 때문에 상처받는
여자들을 위한
관계의 심리학

나는
남자를
버리고
싶다

최광현 지음

부·키

지난 10년간 상담을 하면서
만난 내담자의
90퍼센트는 여성이었다.

다양한 상황, 다양한 직업을 가진
다양한 여성들을 만나 왔지만
그녀들의 고민거리는 대부분 비슷했다.

"왜 내가 사랑하는 사람은
 나를 사랑하지 않을까요?"
"왜 사랑하는데 상처를 주고받아야 할까요?"
"왜 부족한 게 없는데 행복하지 않을까요?"

그녀들은 어린 시절에 받은 상처나
왜곡된 관계에서 받은 영향 때문에

사랑이 무엇인지
사랑을 어떻게 해야 할지
사랑받기 위해 어떻게 해야 할지

잘못 알고 있거나
전혀 알지 못했다.

특히 특별한 일탈 없이 착실하게 살아온 여성일수록
좌절은 더욱 깊었다.

지금까지는

열심히 공부하면 좋은 성적을 얻을 수 있었고

좋은 성적을 받으면 좋은 대학에 갈 수 있었고

대학 생활을 열심히 하면 좋은 회사에 취직할 수 있었으며

회사에서 열심히 일하면 능력을 인정받을 수 있었다.

하지만 관계는 노력한다고 해서
원하는 방향으로 풀리는
그러한 성격의 것이 아니었다.

그래서 여러 번의 시행착오를 겪은 여성들은

상처받은 마음을 쉬이 열지 못했다.

상처를 치유하기 위해서는
오래전의 기억들과 화해해야 한다.

나를 감정의 쓰레기통으로 여겼던 엄마와의 화해,

폭력적이고 가부장적이었던 아버지와의 화해,

나를 외롭게 만들었던 연인과의 화해,

가장 가까웠지만 가장 큰 경쟁자였던 친구와의 화해,

그리고 나를 따돌린 동료와의 화해…

이 책은

사랑했기에

상처받을 수밖에 없었던 그들과

어떻게 화해하고

다시 어떻게 사랑해야 할지에 대한 기록이다.

그리하여 궁극에는

자연스럽게 자기 자신을 알고 사랑할 수 있게 된다.

사랑은 깊은 상처를 주기도 하지만

또

어떠한 깊은 상처라도 치유한다.

사랑은 그렇게
모든 문제의 시작이면서

모든 문제의 완성이다.

살아가는 데 주어진 대부분의 것들은

혼자의 힘으로 바꿀 수 없다.

하지만

어떤 사람을 만나

어떤 사랑을 하고

어떤 관점으로 바라보고

어떤 방향으로 함께 나아갈지는

나만이 선택할 수 있다.

그리고 나의 선택에 따라
삶은 얼마든지 달라질 수 있다.

이 책을 통해

관계에 지쳐 있는 많은 여성들이

위로받기를 바란다.

그리고 이제는

행복의 객체가 아닌
행복의 주체로

스스로의 행복을 만들어 가길 바란다.

여자라면 누구나

충분히

그럴 수 있다.

차례

1

남자에
대하여

세상 어디에도 없는
'나쁜 남자'

🍂 이해

"남자는 울면 안 돼!", "사내대장부가 참아야지!" 하는 식의 교육을 받고 자란 남자는 감정 표현을
어려워하고 '원래' 복잡한 여자는 감정을 나누고 싶어 한다. 회피에 익숙한 남자와 소통을 원하는
여자의 감정 처리 방식을 이해하지 못하는 순간, 비극은 발생한다.

현숙 씨는 남자친구 문제로 마음이 무겁다.
언제부턴가 2년째 만나고 있는 남자친구에게서 마음이 멀어지는 것
을 발견했기 때문이다. 크게 다툰 것도 아니고, 남자친구가 특별히 잘
못을 저지르거나 실수를 한 것도 아니었다. 연애의 풍경은 늘 평온하
고 자연스럽게 흘러갔다. 그럼에도 자신의 마음이 서서히 닫혀 가고
있다는 데에 현숙 씨는 죄책감마저 느끼고 있었다.

그녀가 처음 매력을 느꼈던 우직하고 한결같은 그의 성격은 시간이
갈수록 달리 보이기 시작했다. 어쩌면 그가 자신의 감정을 드러내지
않기 때문에 '한결같이' 느껴졌는지도 모른다. 어떤 순간이 닥쳐도

그의 감정을 읽을 수가 없었다. 맛있는 음식을 먹어도, 재미있는 영화를 봐도, 짜증나는 일이 있어도, 집안에 일이 생겨도 그는 좀처럼 내색하지 않았다. 무엇이든 함께 나누며 이해하고 싶었던 현숙 씨는 점점 지쳐 갔다. 과묵하다고 생각했던 그의 성향은 연인에 대한 무관심으로 비춰졌다. 2년의 연애 기간 동안에도 그들의 거리는 좀처럼 좁혀지지 않았다.

현숙 씨는 끝없이 대화를 시도하면서 좀 더 친밀해지기 위해 무던히도 애를 썼다. 이 관계를 유지하기 위해서는 마음이 상하거나 의심이 생겨도 감춰야 했고 불만이 있어도 참아야 했다. 또 항상 남자친구의 눈치를 살피며 배려해야 했다. 남자는 늘 자기중심적인 관계를 원했다. 그래서 2년을 사귀어도 현숙 씨는 그에 대해 잘 알지 못했다.

하지만 그런 노력이 무색하게도 그는 자신의 세계를 쉽게 내어 주지 않았다. 마음을 열어 보이지도, 소통하려 들지도 않았다. 그런 그가 현숙 씨에 대해 얼마나 알고 있는지 의심스러울 지경이었다. 답답한 마음에 하소연이라도 할라치면 시큰둥하게 '노력할게.' 정도의 반응이 전부였다. 하지만 그 말도 이제 형식적으로 느껴졌다. 노력하겠다는 말은 습관처럼 반복됐지만 달라지는 것은 없었다.

돌이켜보면 현숙 씨의 마음이 멀어지고 있는 이유는 사실 너무나 분명했다. 그들 사이에는 2년의 시간조차 뚫지 못한 거대한 감정의 유리 장벽이 가로막고 있었던 것이다.

그 남자, 그 여자의
감정 사용 설명서

　　　　　여자와 남자의 근본적인 차이는 감정을 사용하는 방법에 있다. 그리고 감정을 어떻게 사용하느냐에 따라 연애는 천국이 되기도 하고 지옥이 되기도 한다. 여자는 자신의 감정을 민감하게 자각하고 표현하는 경향이 강한 반면 남자는 감정 자체를 제대로 인지하지 못하고, 그것을 표현하는 것 역시 부정적으로 받아들인다.

단순한 감정의 욕구를 감정의 '혼란'으로 여기기도 한다. 슬프고, 울적하고, 위로받고 싶은 감정은 자연스러운 것인데도 그대로 받아들이지 못하고 피하려고 한다. 많은 한국 남성들이 어렸을 때부터 "남자는 울면 안 돼!", "사내대장부가 이 정도는 참아야지!" 하는 식의 교육을 받고 자랐기 때문일 것이다. 그래서 '남자답다'는 것의 의미가 자신의 감정을 있는 그대로 드러내고 표현하고 충분히 느끼는 것이 아닌 참고 아닌 척하고 억누르는 것이라고 생각한다. 그리하여 일부 남자들은 감정적 욕구를 성적인 욕구로 전환하려고 한다. 감정적 욕구와 성적인 욕구를 구분하지 못한 채 어떻게든 무엇이든 확실한 방법으로 해소하고 싶기 때문이다.

어쩌면 남자들이 가장 두려워하는 것은 감정의 혼란일지 모른다.

행복, 불안, 공포, 분노, 기쁨, 슬픔 같은 감정들이 복잡하게 엉켜 한꺼번에 몰아치면 남자들은 그것을 어떻게 처리해야 할지 몰라 당황한다. 당혹스러운 그 순간, 남자는 방향을 틀어 전혀 다른 방식으로 감정을 처리한다. 가장 쉬운 방법은 문제를 해결하거나 성과를 내는 방식이다. 결과가 눈에 보여야 안심이 되기 때문이다.

어떤 남자들은 불안하기 때문에 더 미친 듯이 일한다. 감추고 싶은 불안감이 클수록 성공을 향한 욕구가 더 강하다. 열심히 일하고, 인정받고, 물질적 보상을 받고, 사회적 명예까지 얻으면 그제야 자신이 어떤 궤도에 올랐다는 안정감을 느끼게 된다. 스스로 어딘가 '불완전하다'고 느끼는 지점을 상쇄하기 위한 안간힘은 사회적 지위와 물질적 보상으로 돌려받는다. 남자들이 감정을 사용하는 방식은 대부분 이러한 형태로 나타난다.

반면 여자에게 '감정'이라는 것은 낯설지도 부정적이지도 않다. 감정은 '원래' 복잡한 것이고 이를 혼란이 아닌 그때그때 해소해야 할 대상으로 여긴다. 하지만 다양한 감정은 관계 속에서 생기는 것이다. 그러니 감정의 실타래를 푸는 것도 관계 속에서 이루어져야 한다. 바로 여기서 어쩔 수 없는 비극이 발생한다.

여자는 어떤 식으로든 상대방과 소통하면서 서로에게 느끼는 감정을 공유하고 공감하며 이해하기를 바란다. 하지만 남자는 그 '혼란'을 피하려고만 한다. 감정을 처리하는 방식에서 오는 충돌은 서로에게 깊은 상처를 남긴다. 여자는 소통의 의지를 보이지 않는 남자를 원망하고 배신감을 느끼다가 어쩌면 이 남자는 나를 사랑하지 않는 것일지도 모른다는 오해까지 하게 된다. 연애가 마냥 행복하지 않고 때때로 고단하고 고통스럽게 느껴지는 이유는 바로 소통을 원하는 여자와 회피에 익숙한 남자의 감정 처리 방식이 충돌하기 때문이다.

역지사지라는 당연한 진리

커피머신을 이용하지 않고 직접 커피를 내려 마시는 것은 꽤나 번거로운 일이다. 핸드드립으로 커피를 내릴 때는 신선한 원두를 준비하고 알맞은 크기로 갈아 적당한 온도의 물을 조심스레 떨어뜨려야 가장 맛있는 커피를 추출할 수 있다. 이 과정에서 원두 상태가 나쁘거나, 분쇄 굵기가 적당하지 않거나, 물의 온도가 맞지 않는 등 한 가지라도 어긋나면 원하는 커피 맛을 내기 어렵다. 빨리 마시고 싶다고 물을 빨리 부으며 커피를 내려도 커피 맛은 현저히 떨어진다.

맛있는 커피를 마시기 위해서는 원두를 곱게 갈아 여과지와 드리퍼를 준비하여 손에 힘을 빼고 천천히, 하지만 너무 더디지 않게 일정한 간격으로 물을 떨어뜨려야 한다. 나는 종종 알맞게 부풀어 오르는 원두와 방울방울 낙하하는 커피를 보면서 커피를 내리는 것이 꼭 연인 관계 같다고 생각한다.

여자의 감정은 까다로운 핸드드립 커피와 같다. 복잡하고 어렵고 섬세하지만 훌륭한 바리스타의 손에서 최상의 커피가 탄생하듯, 이 까다로운 과정을 성실하게 수행하는 남자가 있다면 연애의 단맛과 쓴맛, 신맛을 알맞게 만들어 나갈 수 있다.

남자들은 대부분 감정을 다루는 데 서툴다. 익숙하지 않아 실수를 하고, 노련하지 못해 삐걱거린다. 그래서 하루아침에 여자들의 마음을 온전히 받아들이고 이해하는 것은 불가능하다. 그러니 섣불리 무리한 시도는 하지 않는 게 좋다.

사실 여자들이 원하는 것은 문제를 '해결'하는 것보다 마음을 '알아주는 것'이다. 남자들은 자신에게 고민을 말하고 감정을 털어놓는 연인에게 이성적으로 판단하여 해결책을 제시하려는 성향이 강한데, 이런 방법은 관계를 악화시키는 결과를 낳는다. 그녀가 해결책을 찾고 싶어서 고민을 털어놓는 거라면 남자친구가 아닌 문제를 해결하기에 더 적합한 상대를 찾았을 것이다.

여자들이 상냥하고 자상한 남자에게 끌리는 것은 '잘 들어 주기' 때문이다. 이성적인 판단을 내려 주는 남자가 아니라 그저 나의 마음을 읽어 주고 이해하고 공감할 줄 아는 남자, 그런 남자에게 배려받고 힘을 얻을 때 여자는 비로소 행복감을 느낀다.

현숙 씨는 오늘 회사에서 있었던 불쾌한 일을 남자친구에게 털어놓았다. 화가 나고 억울했던 마음을 위로받고 싶었던 것이다. 하지만 남자친구는 현숙 씨의 감정에 공감해 주기는커녕 말을 끝까지 듣지도 않고 빨리 문제의 결론을 내리고 싶어 했다. 사건의 발단이 된 배경과 그로 인해 발생한 갈등, 그리고 그 안에서 느꼈을 현숙 씨의 곤란한 감정을 다 풀어놓을 기회를 주지 않았다. 남자친구는 현숙 씨에게 팩트만을 재촉했다.

"그래서 뭐가 어떻게 됐다는 거야?"

순간순간 기분이 상했지만 가까스로 화를 참으며 이야기를 이어 가던 현숙 씨는 갑자기 끼어든 남자친구의 한마디에 말문이 콱 막혀 버렸다.

"네가 잘못했네."

현숙 씨는 차라리 말을 꺼내지 않는 것이 낫다고 생각했다. 가깝지 않은 사람과 대화하는 것도 이보다 더 상처가 되진 않을 것이다. 그녀가 원한 것은 그저 자신의 말을 들어 주고 맞장구를 치며 반응해 주는 것뿐이었다. 하지만 남자친구는 사건의 시시비비를 가리고 객관적인 조언을 하려고 했다. 그로서는 최선을 다한 것인지도 모른다. 하지만 이런 일이 반복될 때마다 현숙 씨는 답답함을 느꼈고 둘의 대화는 점점 줄었다.

결국 이별은 현실로 다가왔다. 그는 그저 '무난한 남자' 그 이상도,

이하도 아니었다. 아니, 어쩌면 그녀에게 그는 지독히도 '무심한 남자'로 기억될지도 모른다.

나쁘고 좋은 남자는 없다

읽기 힘든 어려운 책일수록 더 가치 있는 책이라고 착각하는 사람이 있다. 알아듣지도 못하는 난해한 강의가 더 밀도 높아 보이고 뭔가 그럴듯한 지혜가 담겨 있을 것이라고 착각하고, 쉽고 명쾌한 강의는 무언가 질이 낮다고 생각하는 것이다. 그들은 왜 자신이 소화하지 못할 대상을 선망하고 동경하며 스스로를 괴롭히는 것일까.

그것은 빈약한 자존감 때문이다. 자신에 대한 빈약한 자존감이 마음 깊은 곳에 열등감을 키우고, 그 열등감을 감추기 위해 난해한 책이나 강의에 자신을 투영한다. 책이나 강의를 이해하지 못하는 것은 자기가 이해하지 못하거나 모르기 때문이 아니라 책의 수준이 상당하기 때문이라고 치부하는 것이다. 자신의 부족한 점을 인정할 수 없는 것이다. 하지만 오랫동안 교수 생활을 한 나는 자신 있게 말할 수 있다. 진짜 좋은 책은 정보를 쉽게 전달하는 책이고, 진짜 좋은 강의는 어려운 내용도 쉽고 명쾌하게 풀어내는 강의라는 것을 말이다.

자존감이 낮은 여자들은 이러한 오류를 남녀 관계에서도 재연한다. 생각과 감정이 쉽게 읽혀지고 행동이 예측되는 남자는 단순하고 재미없는 사람으로 치부하고 평가 절하한다. 반면 이해할 수 없고 예측 불가능한 남자에게는 매력을 느낀다. 낮은 자존감은 이렇게 지적인 허영을 쫓게도 하지만 감당할 수 없는 연애 상대에게 쉽게 빠져들게도 한다. 나쁜 남자는 TV드라마에서나 자주 볼 수 있는 사기꾼 스타일의 남자나 거친 마초들만을 칭하는 것이 아니다. 사고와 행동에 예측이 불가능한 남자, 그래서 여자를 조마조마하게 만드는 남자, 그리하여 여자를 자책하게 만드는 남자가 나쁜 남자다.

나쁜 남자는 자기 외의 다른 사람에게는 관심이 없거나 남의 마음을 이해하고 공감하려는 의지가 없다. 그러니 당연히 상대방의 입장에서 배려할 수도 없다. 이런 부류의 남자들은 종종 여자들에게 호기심의 대상이 되기도 하고 모성 본능을 자극해 매력적으로 보이기도 하지만 그것은 착각이다. 아무리 제멋대로인 남자라도 '나'를 사랑한다면 언젠가는 변할 거라는 기대, 그 터무니없는 기대가 여자들을 수렁으로 몰아간다.

처음에는 남자의 무심함과 변하지 않는 원인을 자신에게 돌리며 자책한다.

'내가 좀 더 노력해야 했어.'

'내가 그에게 더 잘했어야 했어.'

자책은 지금의 혼란과 당황스러움에 대한 가장 빠른 답을 주지만 그것이 정답은 아니다. 이런 생각은 내가 선택한 남자가 나를 제대로 사랑할 수 없는 남자라는 사실을 인정하지 못하는 것이다. 하지만 이 사실을 인정하지 않으면 다시 시간, 돈, 노력과 같은 값비싼 대가를 치러야 할지 모른다.

사랑이라는 감정은 상대방이 알 수 있는 방법으로 전해야 지속될 수 있다. 그리고 그 과정을 '소통'이라 한다. 소통은 홀로 이루어지지 않는다. 서로를 신뢰하고 사랑하는 연인 관계라면 어느 한쪽의 일방통행만으로 소통할 수 없다. 여자에게 사랑은 로맨스이기 이전에 자기 존재의 의미를 갈망하는 행위 그 자체다. 사랑받는다는 느낌은 존재를 인정받는다는 것이며, 인정받는다는 것은 이해받는다는 것이다. 이해는 역지사지의 자세에서 시작되며 그 단초는 곧 공감이다. 나쁜 남자는 바로 이런 소통의 의지가 없고 감정을 읽고 공감하려는 자세가 없는 이기적인 남자다. 이런 남자는 과감하게 버려야 한다. 세상에 나쁘면서 좋은 남자는 없다.

개 같은 남자보다
늑대 같은 남자

🍃 자신감

자신감이 없는 남자는 여자와 일정한 거리를 유지한다. 자신의 결점이 들킬까 봐 거짓말, 허풍, 과장으로 위장한다. 그러다가 빈틈을 보였다고 생각되면 문제를 회피하기 위해 다른 이벤트를 준비하기도 한다. 남자에게서 거리감이 느껴진다면 그 거리감이 어디에서 기인한 것인지 반드시 알아야 한다.

　　　　　　　　희정 씨는 출중한 외모에 뛰어난 외국어 실력과 업무 능력까지 겸비한 잘 나가는 골드미스다. 그녀가 30대에 접어들자 끊임없는 결혼 압박에 시달렸다. 조급해진 그녀는 더 늦기 전에 결혼에 골인해야 한다는 생각으로 남자를 만났다.

　남자는 특별히 훌륭한 스펙과 장래성을 가진 사람은 아니었다. 하지만 그는 누구보다 희정 씨에게 다정하고 자상했다. 집이 가까웠던 그는 매일 아침, 저녁으로 희정 씨와 함께 출퇴근을 했다. 약간의 부담을 느끼기는 했지만 헌신적인 이 남자가 싫지는 않았다. 그리고 어느 순간, 이 남자와 결혼하면 행복할 것이라는 확신을 가졌다. 남편감으로 아쉬운 부분이 없진 않았지만 어차피 완벽한 남자는 없지 않은 가. 자신에게 지극정성으로 최선을 다하는 이 남자야말로 그녀가 찾던 바로 그 남편감이라고 여기고는 남자의 부족한 부분은 자신이 채워 주면 될 거라 생각하고 결혼에 골인했다.

그러나 신혼여행에서 돌아온 날부터 희정 씨는 더 이상 남편과 함께 출퇴근을 할 수 없었다. 남편의 헌신은 결혼식과 동시에 끝이 났다. 동시에 남편은 희정 씨에게 그동안의 헌신에 대한 대가를 요구했다. 결혼 전에는 자신이 그토록 열의를 다해 헌신했으니 이제는 자신에게 헌신하라는 것이었다. 그런 남편의 모습에 실망감을 내비치며 불만을 토로하자 그는 이혼을 요구했다. 희정 씨는 놀랍고 당황스러웠다.

"내가 이렇게 될 줄은 몰랐어요. 괜찮은 남자인 줄 알았는데 전혀 아니었어요. 남자 경험이 별로 없었던 게 문제였을까요?"

그녀는 분명 사회적으로 성공한 여자였고 인생에서도 프로라고 자부했다. 어릴 때부터 부모로부터 열심히 공부만 하라는 말을 성실하게 따르게 살아왔다. 그 덕에 좋은 스펙을 갖게 됐고 직장에서도 뛰어난 능력을 인정받았다. 그러나 결혼은 달랐다. 어쩌다가 이런 남자를 만나 한 순간에 나락으로 떨어져 버린 것일까.

남자는 다 늑대라더니, 그녀가 천하의 늑대에게 걸려든 것일까?

늑대에 대한
오해와 진실

독일에서 유학 중일 때 당시 동물원에서 충격적인 일이 일어났다. 동물원 우리에 갇혀 있던 늑대 한 마리가 우리 안으로 손을 넣은 아이의 손을 먹어 버린 것이다. 독일 언론과 사회는 발칵 뒤집혔고 늑대에 대한 두려움이 확산됐다. 우리에 오랫동안 갇혀 있던, 아니 태어날 때부터 동물원 우리에서 자란 늑대에게 야생성이 남아 있다는 사실에 충격을 받았다. 내면에 잠재돼 있던 늑대에 대한 공포가 다시 살아나는 순간이었다.

우리는 어린 시절부터 그림형제의 '빨간 망토 소녀' 이야기에서 늑대에 대한 공포를 만나 왔다. 늑대는 할머니를 잡아먹고 그것으로도 성이 차지 않아 어린아이까지 잡아먹으려는 탐욕스러운 존재로 묘사된다. 유럽에서 늑대는 악의 화신과 같았고 악마나 마녀 못지않은 위험한 존재로 여겨졌다.

인간은 끊임없이 늑대 박멸을 위해 애써 왔다. 그 결과 일상에서는 더 이상 늑대를 볼 수 없게 됐지만 늑대에 대한 두려움은 여전히 남아 늑대인간이라는 신화가 만들어져 공포는 시각화됐다. 유럽에서는 무분별한 마녀사냥이 자행되던 시기에 수많은 사람들이 '늑대인간'이라는 낙인으로 죽임을 당하기도 했다.

인간은 왜 그토록 늑대를 두려워하고 배척했을까. 늑대가 식량과 생활공간을 두고 인간과 경쟁했기 때문일까. 그 이유만으로는 설명이 되지 않는다.

독일의 의사이자 환경운동가인 틸 바스티안Till Bastian은 늑대의 공포 신화가 인간과 유사한 그들의 사회성에서 비롯된다고 설명한다. 갈등은 언제나 이질적인 두 존재에서 발생하는 것이 아니라 가장 유사한 두 존재, 집단, 문화 사이에서 발생한다. 영국과 프랑스의 갈등이나 예일대와 하버드의 경쟁 구도에서도 이런 현상을 발견할 수 있다. 역사적, 지리적으로 유사성이 짙은 한국과 일본 역시 유사성에서 기인하는 반목이 대부분이다. 우리는 전혀 다른 존재보다 유사한 존재에게서 더 큰 적개심을 불태우기 때문이다.

늑대는 개의 능력을 훨씬 뛰어 넘는 지능을 가졌고 여우보다도 꾀가 많다. 매우 신중한 습성으로 세세한 것까지 예측하며 사냥한다. 늑대 한 무리가 지나가면 한 무리가 지나갔는지 아니면 한 마리가 지나갔는지 구분하기 어렵다고 한다. 효율적인 위계질서 구조가 집단을 효과적으로 잘 관리하며 최고의 협력을 이끌어 내기 때문이다.

늑대의 협력은 천재지변과 굶주림 같은 위기 상황에서도 빛을 발한다. 보이지 않는 끈기와 협동, 효율적인 사회성은 자연계 최강의 존재로 살아남을 수 있는 생존력이 됐다. 결국 인간을 닮은 점이 인간에게는 최대의 위협이 된 것이다.

비슷해 보이지만
달라도 너무 달라

'남자는 늑대'라는 이미지는 보통 늑대의 거친 야생성에 빗대어 남성성을 극대화하기 위해 주로 쓰는 말이다. 반면 '빨간 망토 소녀'와 '아기돼지 삼형제'에 나오는 늑대는 힘이 세지만 무식하고 만만한 이미지다. 동화에 등장하는 늑대는 '사악하고 거친 늑대는 실패한다.'는 루저의 이미지까지 갖고 있다.

우리는 늑대와 가장 비슷한 동물로 종종 '개'를 꼽는다. 그러나 겉모습이 비슷해 보여도 실제로 그 습성을 자세히 들여다보면 둘은 완전히 상반된 특징을 갖고 있다.

늑대는 한 번 짝이 된 암컷과 평생 관계를 이어 나가지만 개는 암컷이라면 가리지 않고 기웃거린다. 늑대는 스스로 먹이를 사냥하지만 인간과 함께 살아가는 개는 사료에 길들여져 사냥 본능을 잃어 가고 있다. 늑대는 독립적인 성향을 갖고 있기 때문에 암컷을 책임지고 암컷과 함께 인생을 개척한다. 늑대 사회에서 암컷은 결코 번식만을 위한 수동적인 존재가 아닌 수컷과 함께 무리를 꾸려 나가는 중요한 역할을 한다.

이렇게 극명하게 다른 두 짐승의 습성에 남자를 대입해 보자. '늑대 같은 남자'는 좋은 무리 속에서 성장한 사람이다. 무리 속에서 수컷의 세심한 배려와 지도 속에 성장한 어린 수컷은 다음 세대의 리더가 될 수도 있다. 오직 한 마리의 암컷만을 책임지는 늑대처럼, 늑대 같은 남자는 책임감이 강하고 독립심과 경제력을 두루 갖춘, 평생을 한 여자를 위해 헌신하는 사람이다.

작가 더글러스 질레트Douglas Gillette는 그의 책 『날개와 날개 사이』 에서 남자에게는 축복하고, 존중하고, 용기를 북돋아 주면서 잘못을 지적해 주고 위상을 높여 줄 나이가 지긋한 남자의 존재가 필요하다고 말한다. 자기를 지지해 주는 존재가 있는 남자는 독립심과 책임감으로 스스로를 무장하고 자신의 새로운 무리, 즉 가정을 잘 이끌 수 있는 강한 남자가 된다. 반면 이런 요소가 결핍된 남자는 항상 당당한 척, 자신 있는 척하지만 막상 삶에 위기가 닥쳤을 때 적절히 대응하지 못하고 좌절한다.

개가 주인에게 삶을 의지하듯, 개 같은 남자는 부모에게 의존적이며 배우자 역시 새로운 의존의 대상으로 여긴다. 자기 앞에 닥친 문제를 해결하기보다는 회피하려고 하고 주변 사람들에게 책임을 전가한다. 집단생활을 하는 늑대처럼, 훌륭한 연장자와의 친밀한 관계를 맺지 못한 남자는 스스로 가져야 할 책임감과 의무감 또한 배울 기회가 없다. 연인이나 배우자를 선택하는 데 있어서도 정서적, 성적, 경제적 의존 대상으로서의 여성을 선택할 가능성이 높다.

그렇다면 지금 내 옆에 있는 이 남자가 개인지, 늑대인지 어떻게 구분할 수 있을까.

반딧불이의 불빛에
속지 말 것

희정 씨처럼 자신에게 주어진 미션에 성실하게 응하며 살아온 여성들은 30대가 되면 새로운 진리를 깨닫는다. 지금까지는 열심히 공부하면 좋은 성적을 얻을 수 있고, 좋은 성적을 얻으면 좋은 대학에 갈 수 있고, 대학에서 열심히 공부하면 좋은 회사에 취직할 수 있으며, 회사에서 열심히 일을 하면 능력을 인정받고 승진할 수 있었다. 하지만 어느 순간, 이 공식은 무참히 깨진다.

열심히 살아서 좋은 조건을 갖췄으니 자연스럽게 좋은 남자를 만날 수 있을 거라 믿었지만 현실은 녹록치 않다. 괜찮은 남자들 옆에는 나보다 하나도 나을 게 없어 보이는 여자가 있다. 조건이 괜찮거나 성격이 좋은 남자는 꼭 아쉬운 부분이 하나씩은 있다. 자신보다 형편없어 보이는 여자들도 제법 그럴듯한 짝을 찾아 결혼하는 것 같은데 왜 내 사랑은 마음대로 되지 않는 걸까. 노력하면 모든 걸 얻을 수 있었는데 열심히 노력해도 이루어지지 않는 것이 있다니, 무력감과 자괴감에 빠져 들게 된다.

이런 순간에 여자들이 쉽게 저지르는 선택은 '다운 데이팅Down dating'이다. 자기가 처한 상황을 갑자기 인식하게 되면서 더 이상 자기에게 연애를 할 가능성이 많지 않다는 조바심과 '이러다가 혼자 늙어 죽게 되는 것 아닌가?' 하는 불안감에 누가 봐도 조건 차이가 나는 남자와 데이트를 하는 것이다. 자신이 컨트롤할 수 있는 만만한 남자를 만나 안전한 선택을 하려고 한다. 하지만 불안함 때문에 한 선택은 더 큰 불안과 불안정감을 줄 뿐이다. 누가 만나기 쉬운 남자가 다루기도 쉽다고 했단 말인가. 이런 착각은 여자에게 더 큰 좌절과 뼈아픈 상처를 줄 수 있는 최악의 선택이다.

희정 씨가 만난 남자는 '늑대인 줄 알았더니 알고 보니 개'였던 전형적인 사례다. 30대에 접어들었다는 주변의 압박과 본인의 불안감을 견디지 못해 남자를 제대로 파악하고 겪어 볼 여유도 없이 성급하게 판단한 결과였다. '개' 같은 남자들이 가진 위험성을 보지 못한 희정 씨는 뒤늦게 후회했지만 상황을 돌리기엔 너무 늦어 버렸다.

남자들은 여자 앞에서 항상 반짝반짝 빛을 내려고 한다. 어둠 속에서 빛을 밝혀 자신의 위치를 드러내고 교미의 대상을 찾는 반딧불이처럼 끊임없이 존재 의미를 찾고자 하는 것이다. '개' 같은 남자는 내면에 진짜 자신감이 없는 남자들이다. 열등감과 결핍으로 똘똘 뭉친 이 남자들은 온 힘을 다해 몸 밖으로 자신의 빛을 내뿜는다. 그 빛은 자신의 인생에서 자연스럽게 발화되는 빛이 아니라 자신의 열등감을 감추기 위한 안간힘이다. 그가 여자에게 보여 주는 빛은 보여 주고 싶은 일부를 선택적으로 드러내는 것일 뿐이다.

이 빛은 결혼 적령기라고 불리는 '사회적 타이밍'에 다다른 여자들의 눈을 멀게 한다. 더 이상 사랑이 찾아오지 않을까 봐 불안한 여자들은 이 빛이 어디서 기인한 것인지 알지도 못한 채 (혹은 알고 싶어 하지도 않은 채) 성급한 선택을 하게 된다. 사회적 압박에 떠밀려 반딧불이의 빛에 눈이 멀면 그 이면에 감춰진 남자의 진짜 내면을 놓치게 되는 것이다.

개과의 남자인지, 늑대과의 남자인지 구분하기 위해서는 조바심을 버리고 신중하게 그의 이야기를 잘 들어야 한다. 여자 앞에서 자기를 포장하기에 급급한 남자들은 정신적 압박이 상당하다. 그 압박은 때론 거짓말로, 허풍으로, 과장으로 위장되기도 한다. 그러다가 빛을 뿜어내는 데에 지치면 일정한 거리를 유지하려고 한다. 자신의 단점과 불리한 부분을 숨기기 위해서다. 조급한 여자뿐만 아니라 이런 남자들도 적당한 먹이를 찾아 빨리 결정을 내야 한다는 압박감에 조급해지기 십상이다. 그래서 순간순간 무리수를 두거나 과장된 행동을 하다가 실수할 때도 있을 것이다. 남자는 자기가 여자에게 빈틈을 보였다고 생각한 순간, 그것을 인정하고 받아들이기보다 이를 숨기거나 문제를 회피하기 위해 다른 이벤트를 준비할 가능성이 높다. 바로 이 순간을 놓쳐서는 안 된다.

물론 안간힘을 쓰는 남자의 빈틈을 알아채기란 쉬운 일은 아니다. 하지만 배우자 선택은 자신의 인생을 결정하는 중요한 선택이다. 무엇보다 자기 자신을 속이려 하지 않는다면 분명 그 빈틈을 알아챌 수 있다. 물론 만나는 남자마다 선입견을 가지고 매번 테스트하듯 먼저 거리를 두는 것도 어리석은 일이다. 균형이 중요하다.

기억하자. 지금 만나는 남자가 자신이 설정한 거리감에 안도하는 남자인지 아닌지를 판단할 수 있다면 그 남자가 어떤 남자인지는 금방 알 수 있을 것이다.

현실의 야수는
왕자가 되지 않는다

🍃 독립

지나치게 남자에게 자신의 삶을 맡기고 기대하면 늘 실망하고 상처받고 이런 남자를 선택한 자신을 자책하게 된다. 사랑과 행복은 누가 '주는' 것이 아니라 내가 '만들어' 가는 것이다. 행복의 주체가 내가 되지 않으면 평생 채워지지 않는 마음으로 수동적인 인생을 살 수밖에 없다.

각종 영화와 애니메이션, 동화, 뮤지컬로 각색돼 오랫동안 사랑받고 있는 이야기 『미녀와 야수』는 이루어질 수 없을 것만 같았던 미녀와 야수가 사랑을 꽃피우는 이야기다. 외모를 초월한 아름다운 사랑으로 서로의 진정한 내면을 마주하는 미녀 벨과 야수의 이야기는 언뜻 감동적으로 다가온다. 여기서 주인공인 벨은 야수의 끔찍한 외모에 흔들리지 않고 사랑의 힘으로 야수를 완벽한 배우자로, 그리고 그녀에게 최고의 사랑을 주는 남자로 바꿔 놓는다. 사랑을 이루기 위해 벨은 오랜 시간 참고 인내하며 공포와 외로움을 극복해 가면서 헌신한 것이다.

하지만 현실은 어떨까. 현실의 많은 벨은 야수를 바꿀 수 없다. 현실에서는 잔인하게도 야수가 미녀에게 상처를 주고 끝까지 고생만 시키는 이야기들로 가득하다. 현실 속 야수는 외모가 추한 남자가 아니라 마음이 추한 남자다. 여자의 감정과 생각을 전혀 이해하려 하지 않고 오직 자신의 생각만을 고집해서 늘 여자에게 상처를 안기는 이기적인 남자다. 이런 야수와 사는 여자의 마음은 온통 상처로 얼룩져 있다. 야수는 여자가 왜 상처받았는지, 왜 슬퍼하는지조차 알지 못하거나 알려고 하지 않는 경우가 태반이다.

남자를 변화시킬 수 있다는 환상

숙희 씨는 자기중심적이고 자신의 말에 귀 기울이지 않는 남편의 모습에 실망했다. 생각해 보면 연애 시절부터 그랬다. 그런 그의 성격을 변화시킬 수 있다는 생각으로 그와 결혼했는데 결혼 7년차가 되도록 여전히 고군분투 중이다. 그녀는 7년이라는 시간 동안 남편이 자신의 마음을 알아주기를, 자신에게 귀 기울여 주기를 바라며 노력해 왔다.

"나는 자기가 나를 좀 더 사랑해 주고 내 마음을 알아줬으면 좋겠어."

"아직도 연애 중인 줄 알아? 당신도 이제 서른일곱이야. 서른일곱

살다운 사랑을 해! 그놈의 사랑… 결혼은 현실이야. 정신 좀 차려. 집 안 꼴이 이게 뭐니? 그깟 사랑 타령 그만하고 청소나 하고 살자."

남편의 핀잔은 그녀의 가슴에 비수를 꽂았다. 출근하는 남편의 뒷 모습을 바라보며 숙희 씨는 망연자실했다. 남편의 사랑만을 바라보 고 살아온 숙희 씨는 청소나 살림을 잘하는 게 결혼 생활인양 말하는 남편을 도저히 받아들일 수 없었다. 남편을 만나 사랑을 하고 가슴 설 레는 청혼을 받고 결혼했던 시간들은 싸그리 무시되고 무보수의 청 소부와 가사도우미 취급을 받는 현실을 마주하고 절망에 빠졌다.

그녀가 원한 것은 그저 남편의 관심과 배려였다. 여성들에게는 이 것이 '사랑'이다. 하지만 남편은 이런 아내의 요구가 부담스러웠다. 남편이 생각하는 관심과 배려는 의무나 봉사 또는 노동에 속하는 것 들이었다. 그래서 아내가 사랑과 관심을 요구하면 그동안 남편 구실 을 제대로 하지 않았다는 비난처럼 느껴졌다. 가뜩이나 회사 일로 마 음이 분주한데 아내는 결혼 전처럼 깜짝 이벤트나 선물을 바라는 것 처럼 느껴져 짜증만 날 뿐이었다.

또 다른 기혼 여성인 미현 씨는 능력 있는 남편을 뒀다고 주변 사람 들로부터 부러움을 한 몸에 받고 있었다. 하지만 그것은 속사정을 모 르는 사람들의 착각이었다. 그녀가 결혼 생활이 힘들다고 토로하면 지인들은 배부른 소리한다고 빈정대기 일쑤였다. 물론 남편이 외도를 하는 것도 아니고 말썽을 부리는 것도 아니었다. 책임감도 강해 일찍이 사업에 성공해서 안정적인 생활도 할 수 있었다.

하지만 미현 씨는 말할 수 없는 외로움을 느꼈다. 남편의 사업도 어느 정도 안정됐으니 남들처럼 취미 활동도 하고 여행도 다니면서 행복한 부부 생활을 하고 싶었다. 남편과 더 많은 시간을 함께하고 싶었다. 하지만 남편은 늘 바빴다. 그는 여전히 미현 씨를 사랑했지만 미현 씨가 원하는 것을 알지 못했다.

나는 미현 씨와의 상담을 통해 그녀가 지나치게 자신의 행복을 타인에게 의존하고 있다는 생각을 하게 됐다. 미현 씨에게 행복이란 남편과 함께 시간을 보내면서 관심과 배려를 받는 것이었다. 그녀에게는 물질적인 풍요나 성공보다 사랑이 중요했다. 하지만 그 사랑은 받기만 할 수 있는 것이었다. 행복의 주체가 자기가 아닌 남편이었으니, 남편의 표현이나 행동에 그녀는 계속해서 휘둘릴 뿐이었다.

사랑은 요구하는 것이 아니라 만들어 가는 것

전문가들의 말에 따르면 마음의 병을 앓는 여성이 남성보다 훨씬 많다고 한다. 물론 여전히 남성보다 여성의 낮은 사회적 지위가 그 이유이기도 할 것이다. 하지만 결혼한 여성이 결혼한 남성보다 더 불행한 이유 중 하나는 여성이 남성에게 갖는 기대치와 관련이 있다.

여자는 끊임없이 사랑받고 싶어 하지만 그 기대가 채워지지 않으면 절망과 실망감을 느낀다. 사랑받지 못한다는 절망감과 자괴감은 우울증을 불러오기도 하고 술에 의존하거나 지나친 성욕을 보이거나 과도하게 쇼핑에 집착하는 등 각종 강박 증상을 불러오기도 한다. 또 몸매에 강박적으로 집착하는 섭식 장애가 생기는 등 심각한 심리적 문제를 겪기도 한다.

하루에도 수없이 많은 여성들을 상담하면서 가장 많이 듣는 말은 '외롭다'는 말이다. 남편에게 사랑받고 싶은데 남편은 이런 자신의 마음을 전혀 이해하지 못하고 있다는 것이다. 그러나 이런 경우 대체로 남편에게 문제가 있기도 하지만 지나치게 사랑을 타인에게 갈구하는 여성들의 수동적인 태도가 더 큰 원인인 경우도 많다. '사랑' 자체를 본인의 힘으로 얻을 수 있는 것이 아니라 항상 '받아야 하는 것', 즉 남편에게 속한 것으로 보기 때문에 근본적인 해결 방법을 끌어내기가 어려운 것이다.

문제를 해결하기 위해서는 남자는 자신만을 사랑해 줄 왕자가 아니라 현실의 야수인 경우가 태반이라는 것을 인정하고 이 야수들을 변화시켜 『미녀와 야수』 속 커플이 되고자 하는 기대를 버리는 것이 우선이다.

꽃을 사랑한다고 말하면서도 꽃에 물주는 것을 잊어버린 여자를 본다면 우리는 그녀가 꽃을 사랑한다고 믿지 않을 것이다. 사랑은 사랑하고 있는 자의 생명과 성장에 대한 우리들의 적극적인 관심이다. 이러한 적극적 관심이 없으면 사랑도 없다.　　　　　　—에리히 프롬Erich Fromm『사랑의 기술』

아내는 늘 남편에게 사랑받고 싶어 한다. 하지만 지나치게 남편의 사랑에 의존하면 스스로 행복해지는 법을 잃어버린다. 나의 행복을 남에게 맡기고 그것을 내놓지 않는다고 떼쓰지 말자. 불행한 결혼으로부터 구해 줄 흑기사는 남편이 아닌 나 자신이다.

남자에게 자신의 모든 사랑과 행복의 기대를 거는 여자는 자신의 행복을 스스로 컨트롤하지 못하고 수동적인 삶을 살게 된다. 늘 실망하고 상처받고 이런 남자를 선택한 자신을 탓하다가 수치심과 죄책감에 시달린다.

겉보기에 많은 것을 가졌고 많은 것을 누리는 것처럼 보인다고 해서 그것이 바로 행복으로 연결되는 것은 아니다. 결혼을 선택하기 전에 표면적으로 드러나는 것이 아닌 내면을 잘 살피고 이 남자와 평생을 함께 할 때 스스로 얼마만큼의 행복을 만들어 나갈 수 있을지 가늠하는 것이 중요하다. 야수를 왕자로 변화시키기 위한 필사적인 노력이나 남편에게서 사랑을 갈구하는 태도를 버리고 내면의 목소리에 귀를 기울이며 자신의 삶을 어떻게 행복하게 만들 수 있을지 고민해야 한다.

『어린왕자』를 쓴 생텍쥐페리는 사랑이란 남녀가 서로를 응시하는 게 아니라 같은 곳을 바라보는 것이라고 말했다. 남편만을 바라보는 것은 사랑이 아니다. 함께 같은 곳을 바라보며 있는 그대로의 서로를 존중하는 것이 진정한 사랑이다. 남편의 사랑을 갈구하는 노력의 일부만이라도 자기 자신을 위해 투자한다면 지리멸렬한 결혼 생활이 조금은 달라질 것이다.

남자,
선택의 딜레마

🍂 결혼

일에 성공한 여성일수록 결혼에 대한 깊은 고민을 하게 된다. 이들에게 결혼은 안정이 아닌 불안이다. 겨우 쌓은 커리어가 위태로워질 수 있고 감당해야 할 관계와 일도 부담스럽다. 하지만 결혼에 대해 지레 겁먹을 필요는 없다. 결혼이 항상 여자에게 손해이기만 한 것은 아니니 말이다.

나는 경기도 인근에 있는 전원주택에 살고 있다. 얼마 전 우리 집 근처에 한 가족이 이사를 왔다. 이 가족은 기혼인 언니와 미혼인 여동생이 돈을 모아 함께 집을 짓고 이사를 왔다고 한다. 전문직 여성인 여동생은 위층에 살고 언니의 가족들은 아래층에 산다. 30대 중반인 여동생은 언니를 설득해 함께 전원주택에서 교외 생활을 즐기고 있다.

주말이면 그녀는 정원을 열심히 가꾼다. 아마도 결혼보다는 자기만의 공간과 직업을 그대로 유지하는 데서 더 큰 기쁨을 느끼는 듯했다. 그래서 그녀는 언니의 가족들을 매주 마주하고 살면서도 아직 결혼하지 않은 자신의 처지를 비관하거나 아쉬워하지 않았다. 여유롭게 전원생활을 즐기면서 자신의 커리어를 열심히 쌓아 가는 모습이 오히려 대견해 보일 정도였다.

모든 여자들이 이웃집 그녀처럼 자신 있게 싱글의 삶을 확신하며 살지는 못한다. 여자들은 보통 20대 중반에 대학을 졸업한 후 직장에 들어가고 30대에 들어서 한창 커리어를 쌓는다. 30대 초반, 그러니까 사회가 말하는 결혼 적령기에 들어서면 어느 순간 연애와 결혼에 대한 심각한 고민에 빠진다. 남들은 결혼하고 아이도 갖고 가정을 꾸리는데 나에게는 아직 결혼할 남자가 없다는 불안감에 휩싸이기도 하고 연애를 한다면 도대체 어떤 사람을 만나야 하는 것인지 고민에 빠지기도 한다.

무조건적으로 자신을 이해하고 사랑해 주는 남자, 거기에 조건까지 좋은 남자와 결혼하는 것을 거부할 여성은 없을 것이다. 하지만 현실에서 그런 남자의 수는 매우 한정돼 있다. 또 원한다고 해서 누구나 이상형의 남자를 만날 수 있는 것도 아니다. 이런 상황에서 여성들이 만나는 남자들은 크게 세 가지 유형으로 나뉜다.

목적에 의한 선택을
의심해야 하는 이유

신데렐라는 어려서 부모를 잃고 의붓어머니에게 학대를 당하며 살다가 인생 역전의 기회를 얻는다. 신붓감을 찾기 위해 주최한 왕자의 무도회에 초대받고 요정들의 도움을 받아 근사한 차림으로 무도회에서 황홀한 시간을 보낸다. 자정이면 돌아가야 하는 신데렐라는 황급히 집으로 돌아가는 길에 구두 한 짝을 떨어뜨리고, 왕자는 구두의 주인을 찾아 헤매다 신데렐라를 만나 일주일 만에 결혼식을 올린다.

동화는 이렇게 '신데렐라와 왕자는 오래오래 행복했습니다.'로 끝나지만 그들은 여느 부부들처럼 우여곡절을 겪으며 고단한 결혼 생활을 했을 것이다. 아름다운 여자에게 첫눈에 반한 왕자는 분명 결혼 후에도 여러 번 사고를 쳤을 것이고 그때마다 신데렐라는 화병이 났을지 모른다. 의붓어머니와 심술 맞은 자매들에게 괴롭힘을 당하던 신데렐라는 지독한 현실을 벗어나기 위해 왕자를 선택했다. 결혼은 그녀에게 생존을 위한 선택이었고, 자신을 보호해 줄 남자가 필요했기 때문에 '보호자형 남자'를 선택한 것이다. 그러나 반항 한 번 못해보고 구박만 받았던 그녀의 성격으로 미루어 보아 바람을 피우는 왕자 앞에서도 큰소리 한 번 내지 못했음이 틀림없다.

20대 중반의 지혜 씨는 얼마 전에 사귀던 남자친구와 헤어졌다. 그녀의 남자친구는 사회적으로 능력을 인정받은 남자로 자기 일에서 뛰어난 역량을 발휘하고 있었다. 젊은 나이에 성공한 그였지만 지혜 씨는 순간순간 비쳐지는 남자친구의 본심에 덜컥 겁이 났다고 한다.

"너는 앞으로 일할 생각하지 말고 살이나 빼고 열심히 몸 관리하고 치장만 잘하면 돼!"

그가 지혜 씨에게 한 말은 그의 여성관을 단적으로 드러내는 말이었다.

"그 사람은 최고급 호텔 로비에서 명품 옷을 차려 입고 잘 훈련된 비싼 강아지를 폼 나게 끌고 가는 남자예요. 자신의 성공과 부를 과시하기 위해 저를 택했고 저는 그에게 자기의 성공을 과시하기 위한 강아지에 불과했어요."

남자친구는 자신의 능력으로 여자를 책임지고 보호하려는 유형으로, 여자에게 직업을 갖게 하거나 경제적인 책임을 지우지 않았다. 하지만 그에게 여자는 자신의 성공을 더 빛나게 해 줄 장식품일 뿐이었다. 여자를 보호할 줄은 알지만 존중할 줄은 몰랐던 것이다. 이런 남자는 신데렐라처럼 불행한 가정으로부터 벗어나 보호받고 싶은 여자에게는 좋은 남자일지 모르지만, 따뜻한 이해와 사랑을 원하는 여자들에게는 부담스러운 남자임에 틀림없다.

불행을 반복하는
그녀들

심리학적으로 두 남녀가 서로에게 강한 끌림을 느끼는 이유는 상대에 대한 호감보다는 상대에게서 자신의 익숙한 모습을 발견하기 때문이다. 우리는 배우자를 선택할 때 외형적인 모습뿐만 아니라 학벌, 성격, 종교 등 여러 요소를 가지고 판단한다. 그러나 사실 무엇보다도 자신이 어린 시절에 경험했던 것과 유사한 상황을 재현해 주는 사람에게 끌리는 경향이 있다. 이런 남자를 '반복형 남자'라고 한다. 어린 시절의 경험은 그 경험이 부정적인 것이든 긍정적인 것이든 현재의 삶에 큰 영향을 미치고 배우자를 선택할 때도 어떤 식으로든 영향을 준다.

배우자 선택 문제로 상담을 받으러 온 한 여성은 어린 시절을 떠올릴 때 생각나는 단어가 '안타까움'이라고 했다. 그녀의 아버지는 고집이 세고 자존심이 강했지만 경제적으로 무능해서 어머니가 가장의 역할을 대신해야 했다. 그렇게 아등바등 애쓰며 살아야 했던 어머니를 보면서 그녀는 늘 안타깝고 안쓰러운 마음이 들었다.

그런데 얼마 전, 소위 킹카인 남자가 자신에게 호감을 보이며 다가왔다. 이 남자는 타워펠리스에 살고 있다고 자신을 소개하며 소개팅

첫날에 고급 승용차를 몰고 왔다. 그렇다고 자신의 부를 자랑하거나 과시하는 스타일은 아니었다. 오히려 신사다운 매너를 갖췄고 배려심도 깊었다.

그런데 그녀는 어쩐 일인지 완벽해 보이는 이 남자에게 끌리지 않았다. 그녀 스스로도 납득할 수 없는 상황이었다. 결국 그녀의 마음에 안착하지 못한 남자는 떠나갔다. 어느 것 하나 부족함이 없는 남자들을 모두 떠나보낸 그녀가 정작 사귀는 남자는 한결같이 아픈 상처를 갖고 있거나 아버지의 불성실함 때문에 어머니가 고생한 공통적인 가정환경을 가진 사람들이었다. 어린 시절부터 어머니가 고생하는 것을 보면서 자신은 절대 어머니처럼 살지 않겠노라 다짐했지만 좀처럼 그 굴레에서 벗어나지 못하고 있었던 것이다. 옛말에 '딸은 어머니 팔자 따라간다.'는 말이 있다. 딸이 아버지와 유사한 남자에게 끌리기 때문에 새로운 가족을 이루는 딸 역시 자신의 어머니의 삶을 닮아 간다는 말이다.

자신의 과거를 재현해 주는 '반복형 남자'는 '보호자형 남자'와 같이 공통된 특징이 없다. 최고의 킹카에서 진상까지 모든 종류의 남자들이 다 포함돼 있다. 대신 이런 남자는 여자와 비슷한 환경에서 자라 알 수 없는 익숙함을 느끼게 해 주고 여자는 이 점에 자기도 모르게 끌린다.

결혼이 안정이 아닌
불안의 시작인 그녀들

일과 직장에서 성공한 전문직 여성들은 현재 자신들이 누리는 생활 패턴이 그대로 유지되기를 바란다. 그래서 배우자 역시 현재의 생활을 유지시켜 줄 수 있는 '유지형 남자'를 선호한다. 20대를 정신없이 일하는 것으로 보내다 보니 어느덧 30대가 됐고 결혼이라는 이슈가 코앞에 닥친다. 결혼이 인생에 큰 변화를 줄 것이란 걸 알기에 이 시기의 여성들은 결혼을 할 것인지, 아이를 낳을 것인지, 회사를 그만둘 것인지를 고민하며 남자를 선택하는 데 상당히 신중한 자세를 보인다.

결혼을 하게 되면 이제 겨우 입지를 굳힌 일이 위태로워질 수 있다. 결혼으로 새로운 가족 관계가 형성되고 가정 안에서 감당해야 할 출산과 육아, 고부 관계, 직장 생활의 병행 등 수많은 부분들이 부담으로 작용한다. 그렇기에 강한 자부심을 갖고 성공의 경험을 쌓아 온 여성들에게 결혼 이후의 삶은 오히려 대단히 불안정한 삶이다. 그녀들은 자신의 삶이 누군가에 의해 크게 변하는 것을 원하지 않는다. 그래서 때론 결혼을 선택하지 않거나 자신의 삶을 지금처럼 유지시켜 줄 남자를 찾는다. 자신의 일과 생활을 포용해 줄 이해심과 배려심이 많은 남자를 바라는 것이다. 다른 무엇보다 직장 동료 같이 동료애를 가진 동반자적 성향의 남편을 만나고 싶어 한다.

하지만 30대에 어느 정도 일로 인정받는 여성이라면 일에만 빠져 살아 연애를 충분히 못했을 가능성이 높다. 뒤늦게 자기에게는 '유지형 남자'가 필요하다는 것을 알고 만나고 싶어 하지만 이런 남자는 많은 여자들이 원하는 남자이기도 하다. 역할 분담을 분명히 하고 서로의 영역을 존중하면서 친절함과 다정함을 갖춘 스마트한 배우자를 누가 마다하겠는가.

이 순간의 결정으로 이후의 삶은 크게 달라진다. 주로 비혼을 선택하거나, '유지형 남자'를 끝까지 기다리거나, 조급함에 눈을 낮춰 결혼한다. 어떤 선택이 가장 만족스러운 삶을 안겨 줄지는 누구도 알 수 없다.

그래도
성장한다

'보호자형 남자', '반복형 남자', '유지형 남자'.
어떤 유형의 남자를 선택하든지 결혼을 선택한 여성들은 가족이라는 울타리를 갖게 되고, 결혼이라는 제도에 정착하면서 미처 생각하지 못했던 많은 고난이 기다리고 있음을 알게 된다. 수퍼우먼, 수퍼맘이 되지 않으면 안 되는 현실이 그것이다. 그래서 결혼한 것을 후회할지도 모른다.

　하지만 미리 겁먹을 필요는 없다. 결혼이 항상 여자에게 손해이기만 한 것은 아니니 말이다. 독일의 심리학자 프란츠 나이어Franz Neyer는 남자와의 관계가 인격 발달을 촉진한다는 사실을 밝혔다. 그는 싱글로 지내던 여성들이 남자와의 관계를 계속해서 유지한 과정을 지켜봤다. 싱글이었다가 남자와의 관계를 4년 정도 유지한 여성들의 심리 상태를 확인해 보니 눈에 띄게 긍정적인 성향으로 바뀌었다는 것을 확인했다.

　물론 이 결과를 모든 여성들에게 일반화할 수는 없을 것이다. 하지만 '남자'라는 종과 새로운 관계를 '유지'해 나가는 것은 상당히 역동적인 과정임에 틀림없고 이 과정에서 분명 기존의 관계에서는 알 수 없었던 자신의 모습을 발견하고 성장할 수 있다. 또 그 모습을 인정하고 받아들인다면 이전보다 훨씬 풍요로운 삶을 살 수도 있고 세계에 대한 새로운 관점이 생길 수도 있다.

　이것이 결혼 생활이라는 모험을 선택한 여성들에게 주어지는 일종의 보상이라면, 위로가 될까.

수다에
사랑 있수다

🍂 대화

부부는 대화를 통해 서로 사랑한다는 것을 확인한다. 하지만 많은 기혼 여성들이 남편과의 대화 부족을 호소한다. 아내는 따뜻한 배려와 관심이 담긴 대화를 원하지만 남편에게 대화는 사치스럽고 귀찮은 일상이다. 이런 남편과 대화를 통해 마음을 나누기 위해서는 몇 가지 방법이 필요하다.

독일 유학 시절에 즐겨 먹던 독일식 아침 식사를 잊을 수 없다. 브뢰첸이라는 작고 둥근 빵에 버터를 바르고 치즈와 소시지, 햄 등을 끼워 넣어 먹거나 잼이나 크림치즈를 잔뜩 발라 먹곤 했는데 겉은 바삭하고 속은 말랑한 브뢰첸의 맛은 정말 일품이다. 그와 함께 잊을 수 없는 것은 바로 브뢰첸과 함께 마시는 커피다. 독일은 맥주의 나라로 유명하지만 사실 독일인들은 커피를 더 즐겨 마신다.

요즘에는 우리나라에도 커피 전문점이 상당히 많아졌다. 서울뿐만 아니라 지방까지 커피의 열풍이 확산돼 어딜 가도 맛있는 커피를 마실 수 있다. 커피전문점은 사실 커피를 파는 곳이라기보다 공간과 문화를 파는 곳에 가깝다. 아메리카노 한 잔을 두고 홀로 일을 하거나 공부를 하는 나 홀로 커피족도 상당하지만 대부분의 사람들은 카페에서 사람을 만나고 대화를 나눈다.

사회학적 시스템 관점에 의하면 사회에서 일어나는 모든 현상은 소통의 과정으로 볼 수 있다. 커피를 마시는 것, 쇼핑, TV 시청, 비즈니스, 사랑 등 모든 것이 소통을 매개로 한다는 공통분모를 갖는다.

오늘날 현대 사회에서는 상대를 알지 못해도 소통할 수 있다. 마트에서 계산을 할 때도 계산원과 인간적인 접촉 없이 물건을 살 수 있다. 대부분의 사람들은 거의 모든 곳에서 손님과 직원과 같은 특정한 역할로 존재하지, 한 인격체로 인식되거나 받아들여지지 않는다.

그러나 이러한 사회에서도 인격적인 관계가 요구되고 강조되는 것이 있는데 그것은 바로 사랑이다. 남자와 여자는 상대가 자신을 있는 그대로 받아들이고 인정할 때 비로소 '사랑하고 있다'고 느낀다. 그리고 상대를 받아들이는 행위는 오직 소통을 통해서만 가능하다. 사랑은 오로지 소통을 통해서 표현되고 유지되는 것이다.

여보,
우리 애기 좀 해

지난여름, 아내와 강릉에 여행을 갔을 때 커피로 유명한 카페가 있다고 해서 40분을 운전해서 찾아 갔다. 처음에 아내는 얼마나 대단한 커피이기에 강릉까지 와서 마셔야 되는지 모르겠다며 못마땅한 표정을 지었다. 하지만 카페에서 직접 커피를 내리는 모습을 지켜보고 창밖으로 바다를 바라보며 그간 나누지 못했던 대화를 나누면서 아내의 표정은 금세 환해졌다.

아내의 얼굴을 밝게 만든 것은 무엇일까. 맛있는 커피, 아니면 그림 같은 바닷가 풍경일까? 물론 그것도 어느 정도 영향을 줬을 것이다. 하지만 아내는 커피 한 잔을 마시기 위해 40분을 차로 달려갈 만큼 커피 애호가는 아니다. 아마 아내는 연애하던 때로 돌아간 것처럼 다른 걱정은 전혀 하지 않고 둘이서 커피 한 잔을 두고 나누었던 대화 때문에 즐거웠을 것이다.

커피 한 잔을 두고 좋아하는 사람과 마주 앉아 즐거운 대화를 나눌 때 사람들은 행복감을 느낀다. 이야기를 주고받고 서로의 감정과 생각을 나누는 일은 커피를 마시면서 경험할 수 있는 최적의 행위다. 즐거운 대화에 몰입할 때는 화장실에 가는 것도 잊는다. 바로 이 순간에 행복 호르몬인 엔도르핀이 급격히 늘어난다.

많은 여성들이 결혼 생활 중 최고의 문제점으로 '대화 부족'을 꼽는다. 만나기만 하면 시간 가는 줄 모르고 카페에서 데이트하던 시절이 분명히 있었는데 어째서 부부가 되는 순간 대화는 사라져 버리고 마는 걸까. 나이가 들어도 최고의 대화 상대는 나의 배우자일 거라는 기대로 결혼을 했는데, 막상 기분 좋은 대화를 나누고 자신이 살아 있다는 것을 느끼게 해 주는 대화 상대가 남편이 아니라는 사실을 느끼는 순간 박탈감마저 느껴진다. 남편이 모임에서 새로 알게 된 친구나 동네 친구만도 못한 대화 상대가 돼 버리고 만 것이다.

상담소를 찾는 많은 기혼 여성들이 남편과의 대화 부족을 호소한다. 대화 부족은 단순히 말할 상대가 없다는 것을 의미하지 않는다. 여자는 누군가 자기의 말을 들어 주지 않고 이해해 주지 않으면 사랑받지 못한다고 느낀다. 아내가 남편에게 원하는 것은 따뜻한 배려와 관심이 담긴 대화다. 대화를 통해 부부는 서로 사랑하고 있다는 것을 확인한다. 남편이 아내에게 해 줄 수 있는 최고의 선물은 일회성 이벤트가 아닌 바로 '대화'인 것이다.

부부 관계 중에도 대화는 중요하다. 하지만 여기에도 남녀의 차이는 존재한다. 남자는 아무런 소통 없이 성관계가 가능하다. 그러나 여성에게 사랑을 나누는 성적 행위 속의 소통은 매우 중요한 부분이다. 서로가 사랑을 표현하고, 느끼고, 나누는 행위가 수반되지 않는 일방적인 성관계는 여자들에게 쉽게 받아들여지지 않는다. 실제로 대화와 성행위는 친밀감을 유지하고 서로에 대한 이해를 돕는다는 공통점이 있다. 어쩌면 즐거운 대화로 인한 엔도르핀의 상승은 만족스러운 성적 행위만큼 강렬한 쾌감을 주는지도 모른다.

이웃집 여자보다 못한 우리 집 남자

나는 상담사로서 수많은 기혼 여성들의 대화 파트너를 자임했다. 그녀들이 호소하는 가장 큰 고통은 바로 대화할 상대가 없다는 것이다. 그래서 아내들은 상담소에서 전문적인 대화 훈련을 받은 상담사와 이야기를 하면서 결핍을 채우고 문제를 해결하고자 한다. 남편은 "얘기 좀 해."라는 말만 들으면 몹쓸 것이라도 먹은 사람마냥 잔뜩 얼굴을 찡그리며 "나중에. 피곤해."로 일관하기 때문이다.

그녀들은 많이 지쳐 있었다. 사랑하는 남편과 아이들이 곁에 있지만 세상에 홀로 있는 듯한 외로움을 견딜 수가 없었다. 그녀들은 자신의 고통과 외로움을 쏟아 내면서 눈물을 흘리기도 했지만, 눈물을 닦던 휴지를 손에 꽉 쥐고 상담소를 나갈 때는 처음 문을 열고 들어올 때와 달리 얼굴이 평온해지기도 했다. 아무것도 해결된 것은 없지만 단지 자신의 문제와 감정을 털어놓은 것만으로도 마음이 한결 가벼워진 것이다.

　따뜻한 배려와 관심을 갈구하고 즐거운 대화를 위해 아낌없이 시간과 돈을 투자하는 여자와는 달리 남자들은 성취지향적인 성향이 강해 분명한 이익과 결과가 주어질 때 움직인다. 그래서 남자가 여자와 대화를 한다면 대화 그 자체가 즐겁기 때문이 아니라 다음 단계를 위한 어쩔 수 없는 미션인 경우가 많다. 사정이 그러하니 연애 시절에는 그토록 알콩달콩했던 커플도 결혼만 하면 대화가 단절되는 '말없는 부부'가 돼 버리는 것이다.

　여자는 자신의 감정을 민감하게 인식하고 그것을 잘 표현할 수 있다. 그에 비해 남자는 자신의 욕구와 감정을 제대로 느끼는 것조차 익숙하지 않다. 그래서 대화, 즉 '수다를 떠는 것'은 의미 없이 시간만 낭비하는 것이라 여기기도 한다. 수다는 반드시 어떠한 목적을 갖는 것이 아니다. 목적이라면 관계를 맺고 유지하기 위한 것인데 남자들은 이를 잘 이해하지 못한다. 따라서 이런 남편들을 대화의 시간으로 끌어들이기 위해서는 사소하지만 작은 노력이 필요하다.

대화를 통해
마음을 나누는 법

연애 시절에는 조근조근 이야기를 잘 나눴지만 결혼과 동시에 입을 닫아 버린 남편이라면 조금은 희망이 있다. 연애 시절에 자주 찾았던 장소를 다시 찾으며 자연스럽게 대화를 이끌어 내거나 행복했던 순간들을 자연스레 떠올려 보자. 결혼은 연애와 달라서 현실에 부딪히고 생존과 생계를 걱정하며 살다 보면 낭만과 여유를 잃어버리게 마련이다. 여자들에게는 남편과 대화하고 삶을 함께 나누는 일이 평범하고 소중한 일상이지만 남자들에게 그런 일상은 사치스럽고 귀찮게 느껴지기도 한다.

무작정 '얘기 좀 하자.'며 재촉하면 마음의 준비가 되지 않은 남편들은 자꾸만 달아나려고 할 것이다. 오늘 하루를 어떻게 보냈냐는 작은 안부를 묻는 것부터 시작해 보자. 처음에는 꿀 먹은 벙어리처럼 대꾸하지 않거나 '뭐 맨날 똑같지.' 같은 성의 없는 답변만 돌아올 수도 있다. 남자들은 밖에서 일어난 일을 집으로 가져오지 않으려 버티고, 시시콜콜 털어놓는 것 자체가 구차하다고 생각할 테니 말이다.

그럴 때일수록 아내는 좀 더 세심한 관찰과 관심을 기울여야 한다. 점심은 먹었는지, 못 먹었다면 무슨 일로 점심을 거르게 됐는지 같은 사소한 것부터 이야기하자. 작은 이야기들을 나누다 보면 그것들이

결혼하고 싶다면 이렇게 자문해 보라. '나는 이 사람과 늙어서도 대

화를 즐길 수 있는가?' 결혼 생활의 다른 모든 것은 순간적이지만

함께 있는 시간의 대부분은 대화를 하게 된다.

—프리드리히 니체 Friedrich Wilhelm Nietzsche

점점 꼬리를 물고 이어져 서로의 생활을 공유하게 되고, 서로의 생활을 나누다 보면 마음을 나누는 일도 훨씬 수월해진다.

원래 말이 없는 남편이라면 그의 관심사를 잘 들어 주는 일부터 시작하는 것도 좋다. 남편의 취미 생활이나 좋아하는 TV프로그램, 좋아하는 음식 같은 사소한 소재들을 이끌어 내면서 '당신이 좋아하는 일을 나도 소중하게 생각한다.'고 의사를 표현하는 것이다. 의외로 작은 오해 때문에 대화가 줄어드는 경우가 많다. 어차피 상대가 내 마음을 알아줄 리가 없다는 생각, 내 관심사에 상대는 관심이 없을 거라는 짐작 같은 것들이 어쩌면 남편의 '수다력'을 막고 있는지 모른다.

여자들은 보통 상대가 자신의 말을 그저 들어 주기만이라도 했으면 좋겠다고 말하지만 상대가 나의 말에 귀 기울이려면 나 역시 상대의 말에 관심을 갖는 것이 우선이다. 단순히 남자는 대화를 싫어하고 여자는 대화를 좋아한다는 편견을 가지고 남편과 대화가 되지 않아 답답하다고 호소하지 말고 남자에게 대화란 '어려운 것'이라는 걸 진심으로 이해해야 한다.

여자가 원하는 것은 단지 나의 이야기를 들어 주는 것일 뿐, 뭔가 대단한 것을 바라는 게 아니라는 것 또한 의외로 많은 남자들이 잘 모른다. 남자들은 여자가 불만을 표시하면 어떻게 대처해야 할지에 대해 대부분 잘 몰라서 버럭 화를 내거나 짜증을 내거나 혹은 무관심으로 일관한다. 자신에게 주어진 미션이 정확히 무엇인지 파악되지 않아서 당황하고 곤란한 마음을 그런 식으로 표현하는 것이다. 이렇게 서로의 언어가 다르니 건강한 대화를 나누는 것도 어려울 수밖에 없다.

여자와 남자는 서로 전혀 다른 종족이라 해도 과언이 아닐 만큼 각각 다른 기질과 성향을 갖고 있다. 여자들은 보통 이런 기질의 차이에 대해 어느 정도 이해하고 있으며 그 차이를 좁혀 가는 데 관심이 많은 반면 남자들은 그것을 인식조차 못하는 경우가 많다. 그런 경우라면 차이에 대한 이해를 조금이라도 더 하고 있는 쪽에서 노력하는 수밖에 없다.

부부간의 대화 부족에 대한 실망감과 우울한 마음을 친구들에게 하소연하며 해소할 수도 있겠지만 그렇게 해서는 문제를 근본적으로 해결할 수가 없다. 결혼 생활은 언제나 미래지향적이어야 한다. 당장의 문제나 갈등으로 인한 스트레스를 단순히 '해소'하는 것에 그치는 것이 아니라 앞으로의 시간을 위해 힘들고 어렵더라도 조금씩 변화하려는 노력이 수반돼야 하는 것이다.

특별한 이벤트 없이도, 그저 일상의 대화만으로도 아내는 큰 위안을 얻고 남편은 소통의 즐거움을 알아 갈 수 있다. 서로의 말에 집중하고 귀 기울여 주는 것, 이 사소한 행위가 부부 관계를 완전히 바꿔놓을 수도 있다. 적어도 한 달에 한 번, 카페를 찾아 커피를 마시며 소소한 것이라도 이야기 나눠 보자. 아마도 이 사소한 시간이 부부간의 갈등과 반목을 예방해 주는 훌륭한 백신이 될 것이다.

2

여자에
대하여

나 없는
내 인생

🍃 자기표현

다른 사람의 기대나 감정, 욕구를 보살피며 산 여성은 어느 순간 공허함을 느낀다. 내가 원하는 것이 무엇인지 알 수도 없고 표현해 본 적도 없어 내 인생에 내가 없다고 느끼기 때문이다. 스스로를 옭아매던 역할들로부터 벗어나 진짜 나를 찾기 위해서는 더 이상 감정과 욕구를 억누르지 말아야 한다.

나는 왜 이 남자와 결혼한 걸까?

남편은 바쁘고, 아이들도 다 컸는데 내 인생은 어디에 있는 거지?

부모님이 원하는 대로 열심히 앞만 보고 달려 왔는데 나에게 남은 것은 뭘까? 이게 정말 내가 원한 인생이었을까?

숙희 씨는 남부러울 것 없이 사는 30대 중반의 주부다. 강남의 좋은 아파트에 살고 있고 좋은 직장에 다니면서 돈도 잘 버는 남편과도 별 문제 없이 잘 지내고 있다. 시부모님과의 사이도 돈독해 그 흔한 고부 갈등조차 없다. 두 아들을 낳고 남편과 시댁의 사랑을 듬뿍 받으며 참한 며느리로 살았다. 그녀는 시간이 날 때 외제차를 몰고 시내로 나가 쇼핑을 하고 맛집을 찾아다니며 평화로운 일상을 보내고 있었다.

그런데 언제부턴가 이 평온한 일상에 염증이 일었다. 백화점을 몇 바퀴씩 돌며 쇼핑을 해도 공허함은 채워지지 않았고 무기력감마저 느껴졌다. 이 황망한 마음을 주변 사람들에게 털어놓으면 배가 불렀다는 반응만을 보일 뿐 누구도 숙희 씨의 마음을 이해해 주지 않았다. 때로는 숙희 씨 자신도 스스로를 이해할 수 없었다. 정체를 알 수 없는 공허함이 일상을 짓누를 때마다 외면하며 아이들 교육 문제에 매달렸지만 외로움은 사라지지 않았다.

특별히 부족한 것도, 특별히 힘든 일도 없는데 왜 이리 인생이 허무하고 공허한 걸까.

내 인생은
어디로 갔을까

요즘 여자들은 얼굴만 보고 나이를 가늠하기가 어렵다. 타고난 동안이나 노안인 경우도 있고 현대 의학의 힘을 빌리는 경우도 많아졌다. 또 결혼반지를 일상적으로 착용하는 경우가 드물어서 결혼 여부를 알기는 더 어렵다. 하지만 숨길 수 없는 것이 하나 있다. 바로 '손'이다. 손은 여자에게 '인생 나이테'와 같다. 한 번도 살림을 하지 않은 여자의 손과 아내로, 엄마로, 주부로 살아가는 여자의 손은 분명 차이가 있다. 얼굴에도 드러나지 않는 여자의 삶이 손 안에 담겨 있는 것이다.

여자는 결혼과 동시에 불편한 진실을 마주한다. 이제부터는 내가 아닌 한 남자의 아내나 한 가정의 엄마라고 불리는 엄청난 변화를 겪으면서 언제나 변함없이 남편과 자녀 곁에서 묵묵히, 그러면서도 무미건조한 일상을 살아온 엄마의 삶이 이제 나의 것이 된다는 것이다. 결혼한 여자는 자신만을 돌보며 살았던 손이 아닌 가정을 책임지는 손을 갖는다. 자신의 이름이 사라지고 누구누구의 엄마라는 이름으로 호출된다. 어느 순간 '꿈'이라는 단어는 자신의 몫이 아닌 자녀들이나 남편의 것이 돼 버린다.

분석심리학의 선구자인 칼 구스타브 융Carl Gustav Jung은 우리가 가족이나 사회의 구성원이 되면서 새로운 역할을 떠안게 되는데 이를 페르소나persona라고 했다. 페르소나는 그리스 어원의 '가면'을 나타내는 말로 고대 그리스 연극에서 배우들이 가면을 쓰고 나오는 것에서 비롯된 말이다. 한 배우가 왕 역할을 할 때는 왕의 가면을, 신하 역할을 할 때 다시 신하의 가면을 쓰고 나오는 것처럼 우리도 사회가 요구하는 일정한 역할 가면을 쓰고 살아간다는 것이다.

여자는 태어나는 순간부터 착한 딸의 가면을 요구받고, 직장에서는 능력 있는 직업인, 가정에서는 헌신적인 엄마, 남편에게는 다정한 아내, 시댁에서는 참한 며느리로서의 가면을 부여받는다. 이런 역할 가면들은 어느 순간 자기 자신을 지워 버린다. 가면이 곧 자신이 돼 버리는 것이다.

누구나 사회적 역할을 부여받지만 하나의 가면에 매몰돼 버릴 때, 우리는 가면 안에 갇혀 제한된 삶을 살 수 있다. 이런 경우에는 심해지면 인생이 지루하고 허무하고 무의미하게 느껴져 우울증과 신경쇠약에 시달릴 수도 있다.

소설가 신경숙의 소설『엄마를 부탁해』는 성공한 작가인 딸과 공무원인 아들, 약사인 딸을 둔 엄마의 가출을 다룬 소설이다. 소설 속 엄마는 소위 '성공한' 엄마의 전형이다. 넉넉하지 않은 시골에서 자녀들을 남부럽지 않게 키워 냈으니 엄마로서는 이보다 더한 성공이 없다. 그런데 엄마는 어느 날 "잘 있어요. 난 이제 이 집에서 나갈래요." 한마디를 남기고 집을 나선다.

가족들에게는 단지 '엄마'이기만 했을 엄마가 어느 순간 엄마라는 가면을 벗어던지고 자신을 위해 집을 나선 것이다. 아마도 엄마의 가출은 그동안 자신을 가두었던 페르소나에서 벗어나 새로운 자아를 만나기 위한 떠남이었을 것이다.

잃어버린 내 안의
삐삐를 찾아서

수많은 영화나 문학작품에서 소개된 캐릭터 중에 가장 자유로운 영혼을 꼽으라는 나는 망설임 없이 삐삐 롱스타킹을 꼽을 것이다. 스웨덴의 동화 작가 아스트리드 린드그렌Astrid Lindgren은 병상에 누워 있는 딸을 위해 『삐삐 롱스타킹』을 썼다. 이 동화는 내용이 너무 자유분방하다는 이유로 여러 출판사에서 거절당한 이후 한 출판사의 공모전에서 당선되면서 세상에 소개됐다. 삐삐의 이야기는 전 세계적으로 큰 반향을 일으키며 베스트셀러가 됐고 영화, TV드라마, 만화 등으로 각색돼 큰 사랑을 받았다.

삐삐는 뒤죽박죽 별장에서 그녀의 말과 넬슨이라는 원숭이와 함께 살고 있다. 가방은 금으로 가득 차 있어 필요할 때면 언제든 꺼내 쓸 수 있다. 아홉 살 소녀라고는 믿어지지 않는 괴력의 소유자이기도 하다. 여기저기 가리지 않고 어른들의 대화에 함부로 끼어드는 못 말리는 참견쟁이에 정리 정돈이나 위생 관념과는 철저히 담을 쌓고 살고 한시도 가만히 있지 않고 친구들을 선동하는 천방지축 개구쟁이였다.

어른이 된다는 것은 자기 자신을 책임진다는 것을 의미한다. 자기 자신을 책임지기 위해서는 자신의 욕구를 억누르면서 타인에게 폐를 끼치지 않기 위해 신경 써야 한다. 또 사회적 관습이나 법률 같이 정해진 규칙을 잘 따라야 한다. 하지만 어린아이들은 그 모든 규범에서 자유롭고, 사회도 아이들에게 훨씬 관대하다. 아이들은 아무것도 아닌 일에도 놀라움을 표현하고 크게 웃고 하루 종일 종알거리며 신 나게 논다. 하지만 어른들은 쉬는 날에도 해야 할 일을 계획하느라 마음이 늘 분주하기 일쑤고 모험을 하기에는 두려운 것들이 너무나 많다. 아이들에게는 마음대로 놀 수 있는 자유와 모험의 세계를 꿈꿀 수 있는 호기심이 충만하다. 우리가 이미 오래 전에 잃어버렸던 것들이다. 어른이 되면 한 가지 가면만을 쓴 채 웃음을 잃고, 표정을 잃고, 호기심을 잃고, 나를 잃어버린다.

삐삐는 바로 아이들의 자유로운 생명력과 엄격한 의무와 관습으로 가득 찬 어른들의 세계를 대비시켜 극명하게 보여 준다. 우리는 어느새 '내'가 바라는 것이 아닌 '사회'가 바라는 것을 충족시키기 위해 살면서 생기 있는 웃음, 호기심 가득한 얼굴, 자유로운 상상력을 잃어버렸다. 무표정한 얼굴의 가면을 쓰고 다니다 보니 어느새 가면이 내가 된 것이다.

우리는 삐삐의 자유로움과 활기를 되찾아야 한다. 다시 새로운 가면을 덧쓰지 말고 자기 안에 있는 진짜 나를 만나야 한다. 착한 딸의 역할 때문에, 헌신적인 아내의 역할 때문에 미처 발견하지 못했던 자신의 진짜 모습을 들여다보고 두 어깨를 옭아매던 역할의 가면으로부터 벗어나야 한다.

가면을 벗어던진 '나', 나에게 가장 충실한 '나'

30대는 여자의 인생에서 가장 큰 전환기다. 대한민국 사회가 규정한 결혼 적령기가 20대 후반에서 30대 초반이라고 한다면, 여자는 서른이 되기도 전에 인생을 바꿀 가장 중대한 결정을 내려야 하고 제대로 된 판단을 해야 한다. 동시에 지금까지 부모의 바람대로, 부모의 자랑으로 살아온 여자들이 부모에게서 독립을 해야 하는 시기이기도 하다.

결혼한 30대에게는 혼란의 크기가 더 크게 다가온다. 워킹맘으로서의 삶을 이어 갈지, 전업주부로 돌아설지를 결정할 수 있는 거의 마지막 시기이기 때문이다. 그래서 이 시기를 남자의 40대 중반과 비교하여 제2의 사춘기라 말하기도 하는데, 자신에게 부여된 여러 역할 속에서 정체성의 혼란을 다시 한 번 겪기 때문이다.

부모의 바람대로 착한 딸이 됐고, 사랑하는 남자를 만나 주부가 됐고, 그보다 더 사랑스러운 아이를 낳고 엄마가 돼 가정을 잘 이루며 살아간다. 그러면 이제 앞으로 남은 날들에는 행복만 가득해야 할 텐데 현실은 그렇지 않다.

여자들에게 주어진 여러 역할 가면들은 묵직한 삶의 무게로 비틀대는 방황의 시기를 선사한다. 때론 자신이 누구였는지를 까맣게 잊고 주어진 현실에 충실하며 열심히 살다가 한순간에 한없이 공허한 순간을 맞기도 한다.

문제없는 인생이
언젠가 문제가 된다

갑자기 허무함과 공허감에 빠진 숙희 씨의 문제는 자기 자신을 잃어버렸다는 데 있었다. 어릴 때부터 부모님의 말을 충실히 따르며 속 썩이지 않는 딸로 성장한 그녀는 언제나 가족들과 주변 사람들의 칭찬을 받으며 자랐고 그들의 기대와 욕구에 부응하기 위해 열심히 살았다. 그 결과 남부럽지 않은 가정을 갖게 됐지만 모든 것이 완벽하게 갖춰지자 정작 자기 자신을 위해 살아온 적이 없다는 걸 깨달은 것이다. 언제나 남을 위해, 남들에게 잘 보이기 위해 살아온 인생은 참으로 공허했다.

"부모가 원하는 대로 열심히 살면 모든 일이 잘 될 줄 알았는데, 누군가는 내가 누리는 평범한 일상을 부러워할 텐데 나는 왜 전혀 행복하지 않은 걸까."

그녀는 자신을 찾는 여행을 시작했다. 여자에서 아내와 엄마, 며느리라는 가면만을 쓰고 지내 왔던 시간을 돌아보고 가면 뒤에 가려진 자신의 목소리를 조금씩 드러내기 시작했다. 가면을 거치지 않고 감정을 솔직하게 표현하며 갈등이 생기더라도 욕구를 억누르지 않기로 한 것이다.

물론 당장 모든 가면을 벗어 던지고 "이제부터 내가 하고 싶은 대로 하면서 살 거야!"라고 외칠 수 있는 사람은 많지 않다. 또 꼭 그럴 필요도 없다. 이 가면들을 버리고 멋지게 떠날 수 없다 해도, 가면 뒤에 가려진 자신의 감정과 욕구를 바라보고 표현하는 것만으로도 해소되지 않았던 감정이 어느 정도 정리가 된다. 왜냐하면 진짜 문제는 가면 그 자체가 아니라 부족했던 자기표현이기 때문이다.

우선 용기를 내서 나 자신과 가까운 사람들, 남편이나 아이들에게 솔직한 감정과 소망을 표현해 보자. 여기서 '표현'한다는 것은 불만을 토로하고 그동안 나로 살 수 없게 했던 상대를 비난하라는 의미가 아니다. 자연스럽게, 누군가가 기대하는 모습이 아닌 내가 바라는 모습을 드러내는 것이다. 그저 남편에게는 아내, 자녀에게는 엄마이기만 했던 '나'에게도 여전히 여린 감수성이 있고 꿈과 열정이 남았음을 알리는 것이다.

이러한 자기표현 속에서 지금껏 다른 사람을 살피고 상대의 감정과 욕구를 보살펴야 했던 짐을 벗어 던지고 그동안 잃고 살았던 삐삐의 자유로움과 활기, 삶의 충만함을 찾을 수 있을 것이다. 이제 나 없는 내 인생에서 내가 주인인 인생을 찾을 때도 되지 않았을까.

막장 드라마에 열광하는 이유

🌿 균형

건강한 삶은 자아와 자아의 그림자가 균형을 이룰 때 가능하다. 그림자가 커지면 정신 질환, 신경증 등으로 발전할 수 있고 이는 억누를수록 더욱 커져 자신과 타인을 모두 불행하게 만든다. 심리적 균형을 유지하기 위해서는 건강한 일탈이 필요하다.

주부들은 왜 막장에 가까운 아침 드라마에 열광할까. 남편을 일터에 보낸 주부들은 출생의 비밀, 불륜, 이혼, 복수 등 자극적인 내용의 아침 드라마를 보면서 상황 설정이 작위적이고 극단적이라고 비난하면서도 매일 아침 TV 앞에 앉는다. 이혼 위기에 몰린 부부들의 사연을 소재로 한 드라마 〈사랑과 전쟁〉은 거의 매회 불륜이 필수 코스로 등장하지만 주된 시청자는 주부들이다. 지극히 평범한 자신들의 삶과는 교차점이 거의 없어 보이는 드라마인데도 자꾸만 시선을 고정시키는 것이다. 이러한 주부들의 마음을 어떻게 설명할 수 있을까?

여성들에게 결혼이란 인생의 그림이 크게 뒤바뀌는 전환점이다. 결혼과 동시에 다니던 직장을 그만두면서 사회생활과 거리가 멀어지기도 하고, 아이를 낳고 키우며 자신보다는 가족을 위해 더 많은 시간을 보내게 된다. 결혼 전에는 자신의 앞가림만 잘하면 됐지만 가족이라는 울타리를 스스로 형성하게 되면 삶의 영역이 확장되고 변화한다. 특히 전업주부들의 경우, 아이가 클수록 일상은 단조로워지게 마련이다. 그러면 어느 순간, 그동안 소중하게 여겼던 삶의 많은 부분들에 무료함을 느끼고 과거에 품었던 꿈과 추억들을 그리는 시간도 더 잦아진다.

일상은 무섭도록 지루하게 반복된다. 생활비를 벌어 오는 남편을 출근시키고 아이들을 학교에 보낸다. 때때로 아이들은 속을 썩이고 엄마 노릇을 하기 위해 아이들 학업에도 신경 써 줘야 한다. 매일의 시간이 갑갑하게 느껴지고 삶의 변화를 꿈꾸며 자연스럽게 일탈을 생각하게 된다. 새로운 이성을 만나고 싶거나 이제껏 살아온 것과는 정반대의 삶을 생각해 보기도 한다. 물론 대부분의 여성들은 그저 상상만 하다가 포기하지만 말이다.

자신의 삶이 송두리째 사라졌다는 생각에 빠질 때 여성들은 일탈을 꿈꾼다. 그래서 막장에 가까운 설정들로 가득한 드라마를 보면서 카타르시스를 느끼거나 연예인의 팬을 자처하며 자신과는 다른 세계를 동경하게 된다.

최초로 한류 열풍을 일으키며 일본에서 폭발적인 인기를 얻었던 배용준의 가장 두터운 팬층은 바로 일본의 중년 여성들이었다. 이들은 젊고 잘생기고 자상해 보이는 배용준에게 열광했다. 이 적극적인 중년의 팬들이 배용준에게 열광하는 강도는 모두의 예상을 뒤엎을 정도로 엄청났다. 연예인의 팬이라면 으레 10대 청소년이나 젊은 여성을 떠올리게 마련인데 뜻밖에도 중년 여성들이 한류 열풍을 일으킨 주역이 된 것이다.

심리적 시소의 수평을 유지할 것

조금 의아하게 생각될 수도 있지만 이것은 사실 너무나 자연스러운 현상이었다. 중년의 여성들이 연예인의 팬을 자처하게 되는 순간, 잠시나마 아내와 엄마라는 위치에서 벗어나 자신을 찾을 수 있기 때문이다.

남편은 출근하고, 아이는 학교에 가고, 남편과 아이가 돌아오면 식사를 준비하고 청소하고 집안일을 하는 일상이 매일 똑같이 반복됐던 주부들에게 연예인은 안전한 일탈의 장치다. 그 순간만큼은 주부의 가면을 벗고, 특정 대상에 열렬히 애정을 쏟으며 자신이 살아 있음을 느낀다. 바깥 세계의 판타지를 실컷 만끽하고도 언제든 다시 현실

세계로 돌아올 수 있는 팬의 위치란 참으로 편리하고도 적절한 탈출구인 것이다. 스타를 흠모하는 감정 그 자체에서 평소 자신을 옭아매던 족쇄들로부터 벗어난 자유와 행복을 느끼게 되니 반복되는 일상마저 매순간이 새롭다. 잠깐의 일탈이 인생을 통째로 리프레쉬시켜주는 것이다.

나는 배용준에게 열광한 일본 여성들에게 놀라워하다가 나중에는 부럽기까지 했다. 한국 여성들에게도 이러한 일탈 장치가 있을까? 아직 없는 것 같다. 막장 드라마와 〈사랑과 전쟁〉은 욕은 시원하게 해줄지언정 행복감을 주진 않는다.

누구나 어떤 순간에는 일탈을 꿈꾼다. 그리고 안전한 일탈 장치를 갖고 있는 사람은 극단적인 생각이나 행동을 하지 않고 비교적 자기의 생활을 잘 꾸려 나간다. 나는 우리네 주부들에게도 이러한 일탈 장치가 꼭 필요하다고 생각한다.

현대 심리학의 선구자인 칼 융은 우리의 내면에는 시소와 같은 대립적인 심리적 작용이 존재한다고 밝혔다. 우리의 몸이 균형을 유지하기 위해 산과 알칼리, 나트륨과 칼륨의 비율을 조절하는 것처럼 마음도 심리적 균형을 이루기 위해 일정한 작용한다는 것이다. 이 심리적 균형은 나 자신을 대표하는 '자아'와 그 맞은편에 서 있는 '그림자'가 균형을 이루는 것에서 비롯된다.

지구상에 존재하는 거의 모든 축제는 현실의 엄격한 금기를 깨는 형태를 취한다. 남녀노소, 부자와 빈자, 사회적 지위 같은 것에서 오는 금기는 최소한의 룰 안에서 깰 수 있다. 프로이트는 축제를 "밥상에 차려진 방탕이자 금기를 즐겁게 타파하는 날"이라고 일컫기도 했다.

그리스 디오니소스 축제는 광란의 축제로 유명했다. 술에 취해 비틀거리고 엄청난 무질서가 축제를 압도하며 평소에는 소외되던 여성들이 적극적인 역할을 맡는 등 금기로부터 일탈이 허용되는 대표적인 축제였다. 디오니소스 축제가 성행하던 고대 그리스는 어느 때보다 장중한 엄격함과 보수적인 분위기가 지속되던 시기였는데도 말이다. 경직된 사회가 균형 있게 유지되기 위해서는 그 반대 지점에 있는 무한한 자유가 필요하다. 사람들은 엄격한 사회 분위기 속에서 축제라는 틀 안의 해방감을 마음껏 누리며 심리적 시소의 균형을 맞춰 갔다.

타인에게 그림자를 투사하는 비극

건강한 삶은 '자아'와 '자아의 그림자'가 균형을 이룰 때 가능하다. 심리적 시소가 한쪽으로 기울면 지렛대는 부러진다. 이 상태가 계속되면 수많은 정신 질환과 신경증, 신경 쇠약 등으로 발전할 수 있다. 극단적으로 올바른 쪽에 치우치거나 지나친 성취감만을 내세우거나 엄격하게 짜인 생활 습관에 길들여지려 노력하는 식의 자세는 삶의 전체적인 균형을 깨뜨린다.

그림자는 억누르고 회피한다고 없어지는 것이 아니다. 오히려 그랬다가는 자신의 그림자를 다른 사람에게 투사하여 엉뚱한 대가를 치를 수도 있다. 자기의 그림자를 다른 사람에게 전가시켜 자신이 져야할 책임을 회피하는 것이다.

원정 씨의 엄마는 어릴 때부터 자식에 대한 불안이 많은 사람이었다. 학교에서 MT를 간다고 하면 되도록 가지 말라고 말렸고, 부득불가게 되면 엄마가 따라왔다. 원정 씨가 성인이 돼 여행을 떠나도 마찬가지였다. 딸이 투숙한 호텔 옆방을 잡아 놓고 일거수일투족을 감시했다. 딸을 혼자 두면 불안해서 견딜 수 없었던 엄마는 원정 씨를 항상 자신이 볼 수 있는 곳, 자신이 통제할 수 있는 곳에 두고 싶어 했다.

이렇게 성장한 원정 씨는 엄마에게 어떠한 부정적인 감정도 표현하지 못했다. 지금까지의 엄마의 행동을 헌신이라 믿었고 자신에게 최선을 다하는 엄마를 실망시키고 싶지 않았다. 엄마의 보호 아래, 삶은 안전하고 평온했다. 그러나 그녀의 내면 깊은 곳에는 드러나지 못한 엄청난 감정의 파도가 숨 쉬고 있었다. 표현되지 못하고 웅크려 있던 그림자는 심리적 균형을 잃고 결국 결혼 후 남편에게 투사되기 시작했다. 엄마에게는 싫은 소리를 한 번도 내지 못하던 원정 씨는 남편과 끊임없이 싸웠고, 싸우면서 그녀는 알 수 없는 평온을 느꼈다. 지금껏 단 한 번도 분출하지 못했던 평온의 반대편 세계를 결혼 후 남편에게 쏟아 내기 시작한 것이다. 해결하지 못했던 원정 씨의 그림자가 남편에게 전가되면서 부부 관계는 파탄에 이르렀다.

심리적 균형이 깨지면 마음의 에너지가 방전된다. 의심, 불안, 우울의 기운이 내면을 가득 채우고 쉽게 공허감에 빠진다. 마음의 균형이 깨진 상태를 그대로 방치하면 원정 씨처럼 삶 자체의 균형이 깨지기도 하고 지나치게 자녀에게 몰두하거나 과도하게 다이어트에 집착하거나 우울증에 빠지기도 한다.

부정적인 감정을 억누르고 무시하려 애쓸수록 반대편의 그림자는 점점 더 커진다. 결국 그림자의 힘을 제어할 수 없는 지경에 이르면 극단적인 출구에 의존함으로써 나와 타인을 모두 불행하게 만든다. 따라서 건강한 일탈은 우리 삶을 파괴하는 것이 아니라 새로운 에너지를 만드는 동력이다.

'일탈'이라고 하면 보통 부정적인 이미지를 떠올린다. 그래서 평소에 일탈에 대해 진지하게 생각하는 사람은 드물 것이다. 그러니 '건강한 일탈'이라는 말만큼 우리에게 생소하게 다가오는 개념도 없는 것 같다. 일탈은 어려운 것이 아니다. 형태가 규정돼 있는 것도 아니다. 개인이 지닌 특성이나 성격, 환경에 따라 여러 가지 모습으로 나타날 수 있다.

부모의 지나친 통제와 억압 속에 살아온 사람에게는 번지점프나 래프팅 같은 활동적인 일이 좋은 일탈이 될 수 있다. 부모의 통제를 벗어나 혼자서 잠깐 여행을 다녀오는 것도 좋은 방법이다. 컴퓨터와 서류 업무에 지친 직장에게는 주말 내내 소파에 누워 TV만 보며 하루를 보내는 것보다 주말 농장에 가서 흙을 만지며 굵은 땀방울을 흘리는 것이 좋은 방법이다. 가만히 시간을 허비했다는 생각보다 무언가 건강한 생산을 해냈다는 생각이 긍정적인 영향을 주기 때문이다. 엄격하고 보수적인 사람이라면 자유로운 댄스 교습이나 가구를 만드는 일이, 매일 가사 노동에 찌든 주부라면 또 다시 몸을 사용하는 일보다는 책을 읽거나 음악을 듣는 것이 도움이 될 것이다.

일탈은 거창한 것이 아니다. 삶의 채널을 바꿔 새로운 긴장과 흥분을 줄 수 있는 것이 모두 일탈이다. 삶을 나락으로 몰지 않기 위해 심리적 시소의 균형을 유지하는 일은 중요하다. 그리고 건강한 일탈은 균형을 유지해 주는 원동력이 될 것이다.

Choose
your life

🍃 선택

살아가는 데 주어진 것들은 대부분 혼자만의 힘으로 바꿀 수 없다. 하지만 삶을 어떤 관점으로 바라
보고 어떤 태도로 살 것인가는 내가 선택할 수 있다. 행복이란 주관적인 것이기에 선택에 따라 삶은
얼마든지 달라질 수 있다. 그리고 여기에는 연습이 필요하다.

미숙 씨는 직장에서 친하게 지내던 동료들로부터 따돌림을 당하고 심각한 우울증에 시달렸다. 화가 나고 분해서 잠을 이룰 수 없었고 늘 무기력하고 불안한 마음이 엄습해 일에 집중하기도 어려웠다. 업무적인 실수가 반복되고 상사로부터 매번 혼이 나면서 그녀는 더 깊은 수렁으로 빠져들었다. 미숙 씨는 상담소에서 서럽게 울면서 어떻게 이 상태를 벗어날 수 있을지 모르겠다며 하소연했다. 매일이 지옥 같아 점점 사람도, 일도, 생활도 할 수 없을 것 같다고 했다. 그녀는 점점 수렁에 빠지는 듯했다.

그녀는 분명 상처받았다. 하지만 나는 그녀가 실제로 겪은 상황과

상처보다 과한 반응을 보이는 것 같다는 생각을 했다. 그녀의 생활 전부가 불행한 것은 아닌데 왜 혼자서 모든 불행을 짊어진 것처럼 행동하는 걸까.

남자와 여자,
우울의 차이

우울증은 '마음의 감기'라고도 불린다. 감기는 일주일이면 치료가 끝나기도 하고 잠시 쉬면 자연스레 낫기도 하지만 우울증은 한 번 발병하면 완전히 치유되기가 어렵고 지속적으로 재발할 수 있다. 만성질환처럼 오랫동안 우리의 정신을 괴롭히기 때문에 그 고통 또한 말할 것도 없이 크다. 특히 내면의 문제가 바깥으로 표출되면서 발병하기 때문에 사회생활에 곤란을 겪기도 하고 심하면 삶의 의지를 잃어버리기도 한다.

남자들은 보통 일에서 실패를 경험하면 우울증을 경험한다. 열심히 해 온 업무에서 성과를 내지 못하면 자신이 통째로 내동댕이쳐진 것 같은 좌절감을 맛보며 극심한 고통에 빠진다. 때론 성공한 사람들마저 우울증으로 고통받는다. 성공 가도를 달리다가 급작스런 추락을 경험할까 봐, 혹시 그것이 자신의 한계일까 봐 불안에 시달린다. 일과 자신을 동일시하는 남자들이 사회적 실패를 곧 자신의 실패로 연결

짓는 것이다.

　반면 여자들은 주로 일보다 관계 때문에 우울증을 겪는다. 관계지향적인 여성들에게는 부모, 친구, 동료, 남편, 아이와의 관계가 삶의 원동력이다. 이들과의 관계가 안정적으로 유지될 때 비로소 행복감과 기쁨, 삶의 의미를 느낀다. 이 관계 가운데서 갈등이나 문제가 생기면 극심한 스트레스에 시달리고 불안과 우울감이 가파르게 상승하면서 우울증에 걸리기도 한다.

　특히 여성을 둘러싼 수많은 관계 가운데 애인이나 남편과의 관계는 여성의 심리적 안정 상태를 좌우하는 중요한 요소다. 자신을 가장 사랑해 줘야 할 애인이나 남편이 자신에게 싸늘해졌다고 느낄 때 형언할 수 없는 절망과 외로움을 느끼고 이는 곧 우울감으로 발전한다. 물론 이성 관계 때문에만 우울증이 발생하는 것은 아니다. 자신을 둘러싼 많은 관계들이 어긋나고 비틀리고 소외된다고 느낄 때 우울증은 찾아올 수 있다.

　나이가 들수록 호르몬의 영향으로 남성은 점점 여성화돼 가고 여성은 점점 남성화돼 가는 경향이 있다. 그래서 시간이 지나면 남녀의 우울증의 원인이 변하기도 한다. 요즘 나는 갈수록 여성화돼 가는 것을 느낀다. 마트에 가는 것이 좋아지고 감정의 변화가 섬세해지면서 관계지향적인 성향이 돼 가는 것 같다. 반면 아내는 오히려 점점 나에게서 사라져 가는 남성성이 강해지고 있다. 아내는 관계 때문에 크게 우울해하지 않는다. 오히려 일이 잘 풀리지 않으면 쉽게 좌절하고 우울해한다.

나는 학생들이 무례한 질문을 하거나 내 능력이 제대로 평가받고 있지 못하다고 생각될 때 어김없이 우울함을 느낀다. 내 우울함의 원인은 관계지향적인 측면이 강하다. 한 번 관계에서 불편함을 느끼면 그 감정을 극복하는 데 길게는 한 달여의 시간이 걸리기도 한다. 아무리 긍정적으로 생각하려고 해도 불편한 감정이 쉽게 풀리질 않는다. 그래서 나와 성향이 다른 아내를 보면서 아내와 나의 차이가 무엇일까 생각해 보기도 한다.

아내는 관계에 문제가 생기면 그 순간 문제를 자신으로부터 분리한다. 안 좋은 일이 있으면 그냥 똥 밟았다고 여기고 나로서는 어쩔 수 없는 일이었다고 생각해 버리는 것이다. 필요 이상의 자책도 하지 않고 문제를 객관적으로 바라보려고 애쓴다. 이런 태도는 우울함을 극복하는 데 상당한 효과가 있는 것 같았다. 그래서 나도 관계에서 불편함을 느낄 때 아내처럼 감정을 사건에서 분리하려고 애쓴다.

"그래, 이번에는 운이 없었던 거야. 모든 학생들이 나를 좋아할 수는 없잖아."

그리고는 반복해서 그 일을 되새기며 무리하게 감정을 소화하려 하지 않는다. 물론 노력하고 결심한다고 해서 하루아침에 상처가 치유되는 것은 아니다. 하지만 적어도 문제를 필요 이상으로 확대 해석하면서 자책할 필요는 없다.

상대적이고 절대적인
일상의 선택

대니얼 디포Daniel Defoe의『로빈슨 크루소』는 한 남자가 외딴 섬에 난파돼 무려 28년 동안 홀로 생활하게 되는 이야기다. 그는 아무도 없는 무인도에서 우울증에 걸려 고통받는다. 극심한 외로움과 우울감에 시달리던 그는 더 이상 이렇게 살아서는 안 되겠다고 생각하고 삶의 대차대조표를 만들기 시작한다. 현재의 삶에서 부정적인 부분과 긍정적인 부분을 분류하여 따져 본 것이다.

부정적인 부분	긍정적인 부분
나는 외로운 섬에 내동댕이쳐 있다.	그러나 나는 아직 살아 있다. 모든 동료들처럼 물에 빠져 죽지 않았다.
나는 지독한 운명을 위해 모든 인간 가운데 선택됐다.	그러나 나는 배의 모든 선원 가운데 선택됐다. 죽음에서 벗어날 수 있도록.
나는 몸을 덮을 옷 한 벌이 없다.	그러나 나는 섬에서 옷을 거의 입을 일이 없다.

이렇게 현재의 상황을 객관적으로 따져 두 부분으로 나눈 뒤 그는 긍정적인 부분을 바라보기로 선택하고 기나긴 무인도에서의 시간을 견딘다.

종종 아침에 눈을 떴을 때 코끼리가 가슴을 짓누르는 듯한 고통과 절망을 느낄 때가 있다. 모든 것이 너무나 막연하고 답답하고 원하는 대로 풀리지 않아서 삶이 목을 옥죄는 것 같다. 어디서도 해결책을 찾을 수 없을 것 같은 막막함이 숨조차 쉬기 어려울 정도로 우리를 짓누를 때, 어쩌면 중요한 것은 주어진 환경이 아닌 나의 선택일지도 모른다는 깨달음을 얻는다.

살면서 주어진 것들을 혼자만의 힘으로 바꾸기란 쉬운 일이 아니다. 부모, 가족, 가정환경, 타고난 성격, 어린 시절의 상처…, 대부분 최선의 노력을 다해도 바뀔까 말까다. 하지만 내가 선택할 수 있는 것도 있다. 삶의 어떤 면을 바라보고 살 것인가 하는 태도가 그것이다.

늘 절망의 건너편에는 희망과 긍정의 것들이 존재한다. 우리는 이 가운데 무엇을 선택할 것인지 결정할 수 있고 그 선택의 주도권이 자신에게 있음을 잊지 않아야 한다. 환경이 절망적이어서 어쩔 수 없다는 체념이 아니라 무엇을 선택해 삶을 만들어 나갈 것인가에 대한 의지가 삶의 방향을 바꾼다.

어느 날 아침, 바쁘게 출근을 하는데 아들 녀석이 갑자기 내 앞을

아름다운 꿈을 지녀라. 그리하면 때 묻은 오늘의 현실이 순화되고 정화될 수

있다. 먼 꿈을 바라보며 하루하루 마음에 쌓이는 때를 씻어 나가는 것이 곧

생활이다. 아니, 그것이 생활을 헤쳐 나가는 힘이다. 이것이야 말로 나의 싸

움이며 기쁨이다.　　　　　　　　　　　　—라이너 마리아 릴케Rainer Maria Rilke

가로막았다.

"아빠, 유희왕 카드 한 통 사 줘."

"그래, 아빠가 두 통 사 줄게."

이 말을 들은 아들의 얼굴에 웃음꽃이 활짝 피었다. 아들의 행복한 표정을 보는 순간, 나도 아들처럼 저렇게 행복해지려면 과연 얼마가 필요할지 궁금해졌다. 카드 두 통이면 겨우 1600원인데 나도 아들처럼 이 돈에 행복감을 얻을 수 있을까? 만약 1600원이 아니라 160만 원이라면 나는 행복할까? 160억 원이라면? 그 정도 돈이라면 나는 물론 행복할 것이다. 그러나 누군가에게는 행복감을 줄 만한 충분한 돈이 아닐지도 모른다. 행복이란 주관적인 선택이기 때문이다.

어떤 선택을 하느냐에 따라 우리의 삶은 행복과 불행을 오고 간다. 따라서 긍정적인 면을 바라보기로 선택하는 것은 우울증을 극복하는 최고의 방법이 될 수 있다. 실제 상황보다 더 중요한 것은 그 상황을 어떻게 선택하고 평가하고 바꾸느냐다.

오드리 헵번,
그 우아한 명성의 비밀

미숙 씨는 따돌림을 당했을 때 마음의 고통이 견딜 수 없이 컸다고 했다. 자신에 대해 소곤대고 뒷담화를 늘어놓는 사람들을 지켜봐야 했을 때, 믿었던 사람들에게 배신을 당했을 때, 세상은 온통 잿빛이었다고 고백했다. 깊은 상처로 인해 자신의 마음은 자신조차 모를 정도로 복잡하고 절망적이었다.

그런데 어쩌면 미숙 씨는 실제로 상황보다, 그 상황을 더욱 극단으로 몰고 간 부정적인 생각 때문에 필요 이상으로 힘들었다. 따돌림을 당한다고 생각하기 시작하면 주변 사람들의 모든 행동이 자신을 따돌리기 위한 것으로 보이고, 모든 말이 자신을 향한 것이라고 생각되기 마련이다. 이런 우울감에서 벗어나기 위해서는 결국 한쪽으로 기운 마음의 균형을 되찾는 선택이 필요하다. 자신이 바꿀 수 있는 영역이 한정적일 때, 그러니까 미친 듯이 고민한다고 해서 해결되는 일이 아닐 때는 마음을 다스리면서 상황을 극복해 나가는 것이 좋다.

전설적인 여배우 오드리 헵번은 어릴 때 부모가 이혼하면서 어머니의 고향인 네덜란드에 살게 됐는데 제2차 세계대전이 일어나면서 전쟁의 공포와 불안을 경험해야 했다. 그녀는 훗날 영국으로 건너가 〈로마의 휴일〉에 출연하면서 세계적인 스타가 됐지만 마음에는 남모를 아픔과 상처가 있었다. 그녀와 인연이 깊은 사진작가 유섭 카쉬도 헵번이 상처받기 쉬운 연약한 내면을 갖고 있다고 말할 정도였고 그런 그녀의 섬세한 내면을 사진에 담아내기도 했다.

어쩌면 그녀는 우울증에 무방비로 노출돼 있던 것인지 모른다. 어린 시절 부모의 이혼을 지켜봐야 했고 전쟁의 공포 속에서 빈곤과 싸워야 했다. 훗날 그녀도 이 시기의 경험이 평생의 상처로 남았다고 회고했다. 게다가 두 번의 이혼을 겪으면서 그녀의 마음은 점점 더 황폐해져만 갔다. 그러나 그녀는 불행한 결혼 생활로 인생이 엉망이 돼 버린 여느 여배우들과는 달랐다.

그녀는 두 아들에 대한 지극한 사랑과 헌신으로 엄마의 역할에 충실하면서 유니세프 특별 친선대사로 전 세계를 다니며 죽는 날까지 빈곤 아동을 도우며 살았다. 어쩌면 초라할 수도 있었던 '늙은 여배우'의 삶은 그렇게 고귀하고 아름답게 빛났다.

오드리 헵번은 평생 우울증과 싸우면서 우울과 슬픔, 절망의 늪에 빠져 인생을 허비하는 대신 긍정적이고 의미 있는 삶을 살기로 선택했다. 자식에 헌신하는 엄마로서의 삶과 타인을 도우며 봉사하는 삶을 선택한 것이다.

인생의 많은 부분은 자신의 선택에 달려 있다. 어쩌면 지금 우울감에 빠져 허우적대고 있는 이들에게 가장 필요한 것은 문제의 반대편에 있는 긍정의 관점을 선택하는 것일지도 모른다. 물론 이 사실을 알고 있어도 막상 어려움이 닥치면 지레 포기하거나 지금까지 관성대로 부정적으로 생각해 왔던 습관을 버리기 어렵다. 삶에 대한 관점을 바꾸는 데도 연습이 필요하다. 우리의 관점이 하루아침에 변하지는 않겠지만 의식적으로 긍정적으로 생각하기 시작하면 처음에는 어색하고 어려웠던 것들이 조금씩 바뀌어 가는 것을 느낄 수 있을 것이다.

우리는 더 나은 삶을 살 수 있다. 그리고 그것은 자신의 선택에 달렸다.

인생이란 가방에
담아야 할 것

🍃 취향

프랑스 사회학자인 장 클로드 카프만은 가방을 통해 여자들의 성격, 경험, 취향을 파악할 수 있다고
말한다. 가방 고르는 취향을 통해 남자를 선택하는 기준을 알 수 있고, 가방에 대한 집착이나 과시욕
을 통해 내면 상태도 알 수 있다. 여자에게 가방은 가방 그 이상의 의미를 갖는다.

남자들은 보통 가방을 잘 들지 않는다. 남
자에게 가방 역할을 하는 것은 주로 옷 주머니다. 카드 몇 장과 영수
증, 잔돈, 휴지, 구겨진 메모지 같은 것들이 주머니 가득 들어 있다. 급
한 일이라도 있어서 뛰기라도 하면 주머니에 있던 잡동사니들이 몽
땅 쏟아져 나와 곤란을 겪기도 한다. 그럼에도 불구하고 남자에게 가
방은 편리함이 아닌 걸리적거리는 불편함 그 자체다.

여자들은 대부분 가방을 들고 다닌다. 아름다운 여성, 성공한 여성
옆에는 늘 핸드백이 있다. 여자에게 가방은 본연의 목적을 뛰어 넘어
다양한 의미를 갖는다. 단순히 물건을 휴대하는 용도뿐만 아니라 그

날의 옷차림을 최종적으로 완성해 주는 엣지 있는 소품이 되기도 하고, 여성의 자존심을 돋보이게 하는 도구가 되기도 한다.

여자의 가방을 들여다보는 것은 그녀의 마음을 들여다보는 것이라는 말도 있다. 그만큼 핸드백은 여자에게 단순한 '가방'이 아니다. 그녀들의 마음과 세계가 담긴 공간이다. 그래서 남자들이 자동차와 자신을 동일시하는 것처럼 여자들은 종종 가방과 자신을 동일시한다.

프랑스의 사회학자인 장 클로드 카프만Jean-Claude Kaufman은 여자들의 가방을 통해 그 사람의 성격을 파악할 수 있다고 말한다. 들고 다니는 가방을 통해 그녀들의 성격과 경험, 취향을 파악할 수 있다는 것이다. 가령 금속 장식이 많은 가방을 선택하는 여성은 화려한 것을 좋아하고, 밤색 가죽은 부유하고 고상한 것, 분홍색은 여성적인 것, 빨간색은 위압적인 것을 좋아하는 각자의 취향을 드러낸다.

이렇게 여자에게 가방은 가방 그 이상의 의미를 갖는다.

여자의 가방이 말해 주는 것

인생의 변화에 따라 가방도 변한다. 책가방이 아닌 자기만의 가방을 갖게 된다는 것은 여성이 됐다는 것을 의미한다. 오로지 실용적인 목적만을 가진 책가방을 벗어던지고 자신만의 가방을 가지는 순간 소녀가 아닌 여성으로서의 인생이 시작된다.

이제 막 사회에 진출한 20대 직장 여성은 가방의 실용성보다는 멋을 내는 데에 집중한다. 하지만 결혼을 하고 아이가 생기면 여성의 가방은 점점 무거워진다. 더 이상 멋만을 생각할 수 없는 복잡한 생활을 맞게 되고 가방에는 온갖 삶의 잡동사니를 넣게 된다. 나이가 들수록 가방 안에는 자신만을 위한 것이 아닌 가족과 일에 관련된 많은 물건이 담기기 시작한다. 그러다가 다시 50대에 접어들면 여자들의 가방은 홀쭉해지기 마련이다.

인생이 담긴 여자의 가방은 여성의 또 다른 자아이며 자존심이다. 직장 생활을 하면서 돈을 벌어 처음으로 나에게 목돈을 쓸 때가 언제일까. 아마 명품 가방을 살 때 아닐까. 아마 여성이라면 누구나 두고 두고 사용할 좋은 가방 하나쯤은 사고 싶어 할 것이다. 물론 대부분 가방 하나만으로 만족하는 여성은 없겠지만 말이다. 가방으로 자기만족은 물론 다른 사람들의 시선도 끌 수 있다. 특히 같은 여성들의 부러움을 받는 것은 더욱 기분 좋은 일이다.

가끔 부부 동반 사교 모임에 가 보면 남자들은 입고 있는 정장에 따라 등급이 나뉘지만 여자들은 가방에 따라 등급이 나뉜다. 남자들은 모르겠지만 사교 모임은 여자들의 가방 전쟁이 가장 치열하게 펼쳐지는 현장이다. 물론 이 가방 전쟁은 상대를 공격하고 지배하는 방식으로 진행되진 않는다. 그저 자신이 생각하기에 가장 아름답고 비싼 가방을 감각적인 옷과 함께 은근하게 뽐내는 방식으로 이루어진다. 여성들의 눈은 정신없이 바쁘게 움직인다. 상대가 눈치 채지 못하도록 이곳저곳 훑으며, 다른 이들의 가방보다 자신의 가방이 더 아름답다고 느낄 때 비로소 안심하며 전쟁에서 승리했다고 생각한다.

그러나 가방에 대한 집착과 애정이 모든 여성에게 해당되는 것은 아니다. 언젠가 한 번은 중년 여성과 상담을 했는데 상담이 마무리될 무렵, 그녀는 감사의 표시로 내게 여성 가방을 선물했다. 그 여성은 너무 부담 갖지 말고 아내에게 그것을 선물하라는 말도 덧붙였다. 나는 얼결에 가방을 받아들고 아내에게 전했는데 아내가 가방만 들고 나가면 주위 사람들이 "이제 생활이 피시나 봐요?"라는 말을 한다고 했다. 몰랐는데 그녀가 선물한 가방이 상당한 고가의 명품 가방이었던 모양이다. 이제 막 유학을 마친 우리 부부에게는 아직 가방 전쟁에 뛰어들 안목과 여유가 없었으니 그런 명품을 알아볼 턱이 없었다.

내 제자 중 하나는 좋은 가방을 하나 사고 싶지만 아직 그럴 여유가 없다는 말로 자신의 상황을 설명했다. 애들 키우고 살림하느라 생활에 여유가 없다는 것이다. 그런데 자신의 여동생은 명품 가방의 종류와 가격, 신상품 정보까지 줄줄 꿰고 있다며 내심 부러운 눈치였다. 언젠가 나의 제자도 아이가 크고 살림에 여유가 생기면 가방 전쟁에 뛰어들 것이라는 예감이 들었다.

가방을 고르듯
남자를 골라라

여자들이 가방을 구입하는 기준은 다양하다. 브랜드, 가격, 실용성, 소재, 색깔, 스타일 등 여러 모로 꼼꼼하게 따져 보거나 자신의 취향에 딱 들어맞는 것을 찾으면 구입하기도 한다. 여자들이 가방을 고르는 과정을 보면 남자를 고르는 과정과 비슷하다는 생각도 든다.

아무리 남자가 좋은 스펙을 갖고 있고 주변에서 좋은 사람이라고 해도 내 눈에 들지 않으면 연애 감정이 생겨나지 않는 여자들은 가방도 그렇게 고른다. 첫눈에 반했다고 해서, 그러니까 스타일이 마음에 든다고 해서 바로 가방을 사지 않는다. 가방이 사용하기에 편리한지, 주된 용도에 맞는 것인지 꼼꼼하게 따져 보고 구매한다. 남자에게 첫눈에 반했다고 해서 곧장 결혼을 계획하지도 않는다. 이 남자의 성격과 기질이 나와 얼마나 잘 맞는지, 집안 형편은 비슷한지, 수입은 어떤지 등 실용적인 부분까지 꼼꼼하게 따진 후 결혼 여부를 결정한다. 가방의 색깔과 촉감, 냄새 등 외적인 것도 섬세하게 살피는 것처럼 남자를 선택할 때도 전체적인 분위기와 태도를 자세히 살핀다.

물론 그 반대의 경우도 있다. 특정한 스타일의 가방에 꽂혀서 충동적으로 구매하는 여성은 자기가 좋아하는 스타일의 남자를 보면 금방 사랑에 빠지기도 한다. 취향이라는 것은 쉬이 변하는 것도 아니라서 특정 스타일의 남자에게 상처를 받아도 다시 비슷한 남자를 선택하는 경우도 많다. 이렇듯 여자가 가방을 고르는 방식은 어쩌면 남자를 고르는 방식과 꼭 닮아 있는 것인지도 모르겠다.

지난겨울, 아내와 아들을 데리고 유럽 여행을 갔다. 유학 시절 이후 10년 만에 독일을 방문했는데 그곳은 달라진 것이 전혀 없었다. 즐겨 가던 빵집, 슈퍼마켓, 내가 살던 동네에 있던 이런 저런 가게들 대부분이 그대로 있었다. 10년 만에 온 게 아니라 마치 어제 왔던 곳처럼 모든 것이 제자리에 고스란히 있는 것 같았다. 오랜만에 옛 추억을 떠올리며 여행을 마치고 귀국하면서 공항 면세점에 들렀다.

아… 역시 면세점은 여자들의 천국이었다. 소위 명품이라고 불리는 거의 모든 브랜드들이 줄지어 있었다. 나는 아내를 데려가 가방을 하나 사라고 짐짓 폼을 잡으며 말했다. 아내가 감격하면서 가방을 살 줄 알았는데 아내는 왜 이런 비싼 곳에 왔냐고 투덜거리며 매장을 나가려고 했다. 민망해진 나는 겨우 아내를 붙들었는데 결국 아내가 산 것은 그 매장에서 가장 싸고 작은 패브릭 가방이었다. 명품 매장에 그런 가격의 가방이 있다는 것 자체가 의아할 정도였다.

여자의 가방 선택과 남자의 선택이 유사하다고 하는데… 그럼 아내가 선택한 나는 가장 싸고 작은 패브릭 가방과 다름이 없었던가? 생각이 여기까지 미치자 마음이 좀 심란해졌다. 다시 물리고 좀 더 비싼 것을 사자고 설득했지만 아내는 막무가내였다. 순간, 그래서 나를 선택했구나 싶은 게 아내의 저가 취향을 그저 고마워해야겠다는 마음마저 들어 웃음이 났다.

가방의
진정한 가치

여성들의 가방에 대한 무한한 사랑과 열정, 아니 경배의 대상으로까지 확장하는 모습은 남자에게는 분명 낯선 모습이다. 아직 싱글인 직장 여성이라면 아끼고 저축해서 자기만의 가방을 살 수 있는 특권을 누릴 수 있지만 결혼한 여성이라면 특별히 부유한 환경이 아닌 이상 가방에 큰돈을 쓴다는 것이 쉽지 않다. 이것은 곧 여자의 일생을 상징적으로 보여 주는 것이기도 하다.

경제력이 생겨 스스로를 브랜딩할 수 있는 시기에는 마음껏 가방을 사듯, 자신의 인생을 자유롭게 꾸려 나갔을 것이다. 하지만 결혼을 하고 부양해야 할 가족이 생기면 마음대로 가방 하나 사지 못할 만큼 책임져야 할 영역이 넓어져 있다는 것을 깨닫게 된다. 결혼은 여자들의 삶을 완전히 다른 방향으로 돌리는 계기가 되기도 하고 자유를 앗아 가는 족쇄가 되기도 하지만 가방보다 더 값진 가족이라는 울타리를 얻는 기회가 되기도 한다. 그리고 가방 대신 더 값진 것을 얻었다고 느꼈을 때 여자는 다시 홀로 서야 할 때를 맞이한다.

아이들을 키우고 남편의 커리어도 안정되면 문득 지나 온 시간을 돌이키면서 외로움에 빠지는 경우가 있다. 외로움을 해소하는 가장 쉽고 빠른 방법은 소비 행위다. 공허한 마음을 달래기 위해 또는 나의 외로움을 감추기 위해 과장된 몸짓으로 스스로를 포장한다. 그것이 가방 전쟁의 동력일지도 모른다. 남들과 비교했을 때 더 나아 보여야 중년의 외로움을 애써 덮을 수 있을 거라는 믿음, 그것이 곧 명품 가방과 자신을 동일시하는 상태까지 다다르게 하는 것이다.

내가 가진 가방이 나의 삶을 투영한다고 생각하면 쉽게 명품 가방만을 선택하지는 못할 것이다. 자신의 삶에 대한 확신과 애정이 없을수록 그것을 다른 물건에 빗대어 충족하려 한다는 것을 알기 때문이다. 가방에 담아야 할 나의 인생은 명품이라는 라벨이 아니다. 가방에서 한 여자의 일생을 읽어 낼 수 있다고 한다면 그 안에 담겨야 할 내용은 라벨이 아닌 스스로에 대한 믿음과 애정일 것이다.

엄마라는 이름의
여자

🍃 엄마

엄마는 자신이 살아온 인생을 반복시키거나 결핍을 채우려는 방식으로 딸의 인생에 개입한다. 딸은 엄마처럼 되길 바라면서도 엄마로부터 독립하고 싶어 한다. 이런 이중적인 감정이 내면과 관계 가운데서 끊임없이 충돌하는 엄마와 딸은 팽팽한 긴장감과 뜨거운 애정을 동시에 갖고 있는 탱고 춤을 추는 커플 같다.

나의 아내와 장모님은 누구나 부러워하는 친구 같은 모녀 사이다. 아내가 어렸을 때부터 둘은 늘 친구처럼 서로의 속 이야기를 나눌 정도로 가깝고 친밀했다. 많은 이야기를 나누다 보니 장모님은 자연스레 남편에 대한 불만을 털어놨고 아내 역시 엄마의 입장에서 장모님을 이해하고 동정했다. 그러다 자기도 모르게 아버지를 원망할 때도 있었다.

지금도 아내는 늘 엄마와 함께 쇼핑을 한다. 자주 시간을 보내며 모든 일상을 시시콜콜하게 나눈다. 하지만 가까운 만큼 자주 다투기도 한다. 그리고 모녀 관계가 결혼 전과 조금도 달라지지 않아 가정을 이룬 여성으로서 독립돼야 할 부분이 아직 온전히 독립되지 못한 부분도 있다. 아내와 장모님은 서로 영향을 주고받는 친구 같은 존재지만 때론 그런 모습을 지켜보는 나를 외롭게 만들기도 한다.

딸은 엄마와의 관계에서 언제나 든든한 사랑을 받고 싶어 하고 인정받고 싶어 하면서도 엄마로부터 독립하고자 하는 이중적인 욕구를 가지게 된다. 이런 상반된 욕구가 충돌하면 때론 두 사람 사이에서 미묘한 긴장이 생기기도 한다. 하지만 아내는 엄마로부터 독립하기보다 사랑받고 인정받는 쪽을 택한 듯하다.

깊고 넓은
애증의 강

아내와 장모님의 관계와 달리 내 여동생과 어머니의 관계는 전혀 다른 양상을 띤다. 어머니는 늘 여동생보다 아들인 나를 더 배려하고 아꼈다. 나는 그 사실을 진작부터 눈치 챘고 여동생 역시 그 사실을 알았다. 그것은 여동생에게 큰 상처가 됐을 것이다. 그래서 여동생은 지금까지도 엄마보다 아버지에게 더 큰 애착을 느낀다. 엄마를 빼앗겼다는 생각에 아버지라도 붙잡아야 한다는 생각을 하게 된 것인지도 모르겠다. 하지만 여동생은 엄마에 대한 연민도 동시에 느끼고 있다. 넉넉지 않은 살림에 가부장적인 아버지의 배우자로 고생하며 살아온 삶을 안쓰러워한다. 여동생은 어쩔 수 없이 엄마와 거리를 두고 있지만 둘 사이에는 여전히 알 수 없는 애증이 존재한다. 이런 모순된 마음이 긴장과 불안을 불러왔고, 같은 여자로서 공감하는 지점과 애정의 강도와의 방향이 어긋나는 지점이 묘하게 맞물려 가깝고도 먼 관계가 된 것이다.

엄마와 딸의 관계처럼 애정과 증오가 동시에 존재하는 특수한 관계가 또 있을까. 모녀 관계는 아들과 아버지, 딸과 아버지의 관계에서 볼 수 없는 강한 결속과 유대 관계, 그로 인한 수많은 애정과 갈등, 죄책감과 수치심 등이 얽혀 있는 복잡한 구조를 갖는다.

신경숙 작가의 『엄마를 부탁해』라는 소설은 엄마와 딸의 복잡한 감정과 관계를 적나라하게 보여 준다. 모녀 관계는 서로를 아주 잘 알거나 타인보다도 더 먼 사이로, 이 관계의 복잡성을 탱고를 추는 커플에 비유할 수 있다. 탱고를 멋지게 추는 커플은 두 사람이 마치 한 몸처럼 조화를 이룬다. 엄마와 딸은 탱고를 추는 두 사람처럼 다른 세대를 살아가지만 마치 한 몸처럼 서로 강하게 연결돼 있다.

엄마와 딸은 많은 공통점을 갖고 있다. 같은 여자의 입장에서 기본적으로 서로의 상황이나 감정에 공감할 수 있고 아들과는 다르게 정서적인 교류를 자연스럽게 나눌 수 있다. 그렇기에 나이가 들수록 서로를 이해하고 친구처럼 지내는 모녀 사이가 많은 것이다.

불안한 탱고 춤을
추는 커플

독일 유학 시절, 아내가 아이를 출산하여 장모님이 산후 조리를 해 주겠다고 독일에 오셨다. 주변의 유학생들도 아이를 출산하면 대부분 친정어머니가 다녀가곤 했다. 장모님은 생전 처음으로 유럽 땅을 밟았고 처음 한 주 동안은 딸을 위해 열심히 뒷바라지했다.

그러던 어느 날, 장모님은 뭔가 할 말이 있는 눈치였는데 나는 도무지 그게 뭔지 감을 잡을 수 없었다. 하지만 아내는 엄마가 유럽에 온 김에 여행을 하고 싶어 한다는 걸 금세 알아차렸다. 아내는 즉시 유럽 여행 패키지를 예약해 드렸고 장모님은 그곳에서 사귄 사람들과 함께 여행을 다녀왔다. 아내는 자신의 뒷바라지를 하느라 지친 엄마가 오랜만에 편안하게 유럽 여행을 즐기는 모습을 흐뭇하게 지켜봤다. 엄마와 딸만큼 서로를 가장 잘 이해하고 서로의 처지를 공감할 수 있는 사람은 없는 것 같았다.

하지만 탱고 춤을 추는 커플처럼, 엄마와 딸은 부드럽고 유연한 관계를 보이다가도 갑자기 팽팽한 긴장감을 연출하기도 한다. 엄마와 딸은 비슷한 성향을 갖고 있어서, 딸은 엄마처럼 되기를 바라면서도 엄마로부터 벗어난 독립된 개체로 살고 싶은 욕구도 함께 지닌다. 그런 이중적인 마음이 충돌하는 가장 극적인 시기는 바로 사춘기다. 이 때가 되면 딸은 엄마가 자기에게 무심한 것도 싫고 지나치게 간섭하는 것도 싫어진다. 엄마는 지금껏 해 왔던 것처럼 딸을 대했을 뿐인데 반감을 표시하는 딸을 어떻게 대할지 몰라 예민해진다. 서로의 욕구가 어떤 것인지 명확하게 알지 못한 채 상반된 욕구가 극심하게 충돌하는 것이다.

이러한 엄마와 딸의 관계는 출산 직후부터 결정된다. 갓 태어난 딸을 바라보는 엄마는 같은 여자로서 자신의 인생을 딸에게 투영시킨다. 자신이 살아온 인생을 반복시키거나 결핍된 것을 복구하려는 의지를 갖게 되는 것이다. 엄마는 가족 안에서 딸에게 힘든 임무를 부여하거나 딸에 대한 불안감을 '통제'의 형태로 보이기도 한다. 딸을 사랑하지만 딸의 독립을 원치 않기도 하고, 자신의 이루지 못한 꿈을 딸이 대신 이뤄 주기를 바라기도 하는데 이 과정에서 두 사람의 긴장 상태는 최고조에 이른다. 엄마가 딸에게 내뱉을 수 있는 최고의 독설은 "이 다음에 더도 말고 덜도 말고 딱 너 같은 딸을 낳아 보라."는 것이다. 이 독설 속에 바로 모녀지간의 복잡한 관계가 드러난다.

이 시기에 딸은 엄마로부터 정신적으로 독립해야 한다. 하지만 애착과 독립의 경계에서 혼란을 느끼는 딸은 그런 미션을 수행하기에 아직 어리다. 성숙하지 못한 아이면서 성인의 단계에 진입하는 경계

선에서 딸은 예상치 못한 방향으로 감정을 분출하기도 하고 그런 딸을 이해하지 못하는 엄마도 당황한다.

엄마라는 이름의
또 다른 나

엄마는 딸에게 자기가 원하는 것을 다양한 방법으로 표현한다. 그것이 꼭 언어적인 방법만은 아니다. 엄마는 한숨 소리, 찡그린 표정, 차가운 목소리, 침묵, 무표정한 얼굴을 통해 자신의 의도를 드러내고 예민한 딸은 그것을 직감적으로 알아챈다.

딸은 엄마가 원하는 것을 이행하여 엄마에게 인정받고 관심을 얻기 위해 최선을 다해 자신에게 주어진 과제를 수행하거나, 부당한 짐을 안겨 주는 엄마에 대항해 싸우게 된다. 여기서 발생되는 긴장감은 딸에게 극단의 스트레스를 경험하게 만든다. 그러나 놀랍게도 엄마와 심하게 갈등을 겪은 여성일수록 엄마의 삶과 행동을 닮아 갈 가능성이 높다. 엄마의 인생에서 가장 불행한 부분을 물려받으며 불행한 삶을 대물림하게 되는 것이다.

딸은 엄마의 불행을 이어받지 않고 엄마와 다른 인생을 살기 위해 엄마가 반대하는 결혼을 하거나 원치 않는 생활 방식을 선택하려고 안간힘을 쓰기도 한다. 하지만 어느 순간 여전히 엄마로부터 분리되지 못한 채 여전히 서로 얽혀 있다는 것을 깨닫게 된다. 직업 선택, 배우자 선택, 육아 방법 등 방향만 다를 뿐이지 결국 엄마 때문에 특정한 선택을 하게 됐다는 것을 알게 된다. 하지만 그렇게 갈등하면서도 딸은 엄마를 끝까지 미워하지 못한다. 마음 깊은 곳에는 엄마에 대한 애정과 죄책감이 함께 존재하기 때문이다.

딸이 엄마로부터 정신적으로 독립하기 위해서는 엄마를 양육의 모든 책임을 지는 대상이 아닌 자신과 동등한 한 사람의 여자로 보는 시각이 필요하다. 우리 모두가 엄마라는 대상에 기대하는 모습이 있다. 무한한 사랑, 넓은 포용력, 충분한 희생… 마치 엄마를 미켈란젤로의 피에타상에 나오는 어머니처럼 가족의 모든 슬픔과 아픔을 연약한 두 팔로 끌어안는 신적인 존재로 인식하는 것이다. 절대자에 가까운 엄마 앞에서 딸은 늘 초라하고 나약해진다. 엄마의 사랑을 갈구하는 결핍된 존재가 되면 자신을 엄마보다 못한 열등한 존재로 여기고 엄마에게는 감당할 수 없을 만큼 지나친 기대를 품는다.

엄마를 증오하고 엄마와 같은 삶을 살지 않겠다고 필사적으로 도망치는 딸일수록 엄마에게 이상적인 역할을 기대하는 경우가 많다. 자신의 세계에 전형적인 어머니상을 만들고 현실의 어머니가 이에 부합하지 않으면 끊임없이 비난하고 원망하는 것이다.

엄마는 엄마이기 이전에 연약한 사람이고 여자다. 결점도 있고 실수할 때도 있다. 하지만 엄마를 이상화시키는 순간, 엄마의 결점은 인정할 수 없게 된다.

엄마와의 갈등은 많은 여성들을 혼란과 고통으로 몰아넣는다. 나이가 들면 엄마를 이해할 수 있을 것이라고 기대하지만 엄마를 바라보는 근원적인 시각이 바뀌지 않는 이상 엄마를 이해하기는 어렵다. 어떤 문제든 그것을 피할수록 상황은 악화되기 마련이다. 이상화된 엄마가 아닌 현실 속의 엄마, 부족하지만 한 인간으로서의 엄마, 나와 같은 평범한 한 여자로서의 엄마를 인정하게 되면 갈등에서 조금은 벗어날 수 있을 것이다.

딸은 엄마를 잘 안다고 생각하지만, 가장 가깝기에 잘 안다고 여기는 사람이 사실 본 모습을 가장 몰라 줄 때가 많다. 내가 알고 있는 엄마의 모습이 엄마의 전부는 아니다. 엄마라는 역할 가면을 지워 버리고 있는 그대로의 현실 속 엄마를 인정할 때만이 건강한 모녀 관계를 회복할 수 있다. 엄마도 나처럼 이루지 못한 사랑에 아파했던 여자였고, 나처럼 아이들 양육 문제로 골머리를 썩었던 초보 엄마였던 시절이 있었고, 나처럼 늙어 가는 부모로 인해 좋은 딸 노릇에 대한 고민을 해 왔던 평범한 딸이었다는 것을 이해하면 엄마와 나의 관계가 좀 더 자유로워지지 않을까.

그들 각자의
애정촌

🍃 용기

자신을 긍정하고 사랑받는 존재로 여기기 위해서는 용기가 필요하다. 내 문제를 들여다 볼 용기, 자신의 한계를 인정할 용기, 자신의 상처를 인정할 용기… 한번 용기를 낸 사람은 계속해서 성장하면서 사랑하고 사랑받는 관계의 선순환을 경험한다.

한번은 강연을 마치고 내려오는데 한 남성이 내게 질문을 해 왔다. 얼마 후면 명절인데 아내가 시골에 잘 안 가려고 해서 걱정이라며 해결할 방법이 없냐고 묻는 것이다. 그런 후 아내가 명절에는 그냥 시골에 가야 하는 것을 받아들였으면 좋겠다고 덧붙였다.

나는 아주 짧은 질문을 통해서 남자의 아내가 명절 때 시댁에 가고 싶어 하지 않는 마음을 조금은 이해할 수 있을 것 같았다. 나는 혹시 시골에 안 가려고 하는 것은 일을 하기 싫어서가 아니라 거기에 누군가 싫은 사람이 있는 게 아니냐고 되물었다. 남자가 고개를 끄덕였다.

아내가 시골에 가지 않으려는 것은 자기 마음을 괴롭게 만드는 사람 때문이라고 했다.

"그럼 저는 어떻게 해야 하나요, 선생님?"

"아내의 이야기를 잘 들어 주고 아내의 마음을 이해하기 위해 노력해 보세요. 남들도 명절이면 시골에 가는데 왜 당신만 피하냐고 비난하지 말고 아내가 가기 싫어하는 이유에 대해 먼저 공감해 주세요."

그분이 집에 돌아가서 어떻게 했는지는 모르겠지만 나는 할 수 있는 최선의 대답을 했다.

주부들이 겪는 많은 문제는 사실 가사 노동의 고단함보다 관계 때문에 생기는 것이 많다. 사람과의 관계에서 불편함을 느끼는 상황에서 그런 마음에 공감해 줄 사람마저 없다는 것은 마음의 무게를 한없이 무겁게 만드는 것과 같다. 상대를 사랑한다는 것은 단지 열정적인 감정을 갖는 것만을 말하는 건 아니다. 우리는 때로 연애 초기에 가졌던 서로에 대한 열정이 식었다며 낙담하곤 한다. 하지만 열정만으로 사랑이 유지될 수는 없다. 열정은 언젠가 식는다. 그렇기에 사랑을 주고받는 데 가장 중요한 것은 서로를 이해하고 공감하는 마음이다. 서로를 가장 잘 이해해 주는 한 사람이 있다는 것, 그것이 바로 사랑을 오래도록 유지하게 만드는 힘이다.

몸의 언어를
읽어라

노골적으로 '사귀어 보자.'고 말을 하는 것만이 유혹은 아니다. 대부분 유혹은 복잡하고 비언어적인 신호를 통해 이루어진다. 여자가 어깨 위로 드리운 머리카락을 뒤로 살며시 넘기면서 자신의 목을 드러내고는 남자와 눈을 계속해서 마주친다. 그녀의 입술에는 약간의 미소가 머금어져 있고 남자가 말할 때마다 자주 반응을 보인다. 이러한 것들은 언어로 표현되지는 않지만 분명한 유혹의 신호다. 반면 여자가 몸을 모으면서 팔짱을 끼거나 잔뜩 움츠리며 팔과 손을 모으는 것은 경계나 거부 의사를 표현하는 것일 수 있다.

사실 이런 몸의 언어는 자신도 모르게 무의식적으로 나타내게 된다. 여자가 특정 남자와 자주 대화하고 수시로 찾는다면 대체로 상대에게 호감이 있다는 표시다. 이런 신호는 남자로 하여금 자신감을 불러일으켜 여자에게 다가갈 수 있는 용기를 준다. 긴 머리카락 속에 감춰져 있던 목을 살짝 드러내는 것은 남자의 보호 본능을 자극하여 남자가 다가오도록 재촉한다.

이렇게 여자가 신호를 보냈는데도 남자가 알아채지 못하고 아무런 반응을 보이지 않으면 여자에게 관심이 없거나, 공감 능력이 떨어지는 센스 없는 남자로 낙인찍힐 가능성이 높다.

놀랍게도 유혹의 방식은 지구상 어느 민족에서나 비슷한 형태를 보인다. 즉, 남자가 여자에게 다가가는 것은 용기가 있어서만이 아니라 남자도 모르게 이미 접근을 허락한다는 여자의 무언의 표현이 있었기 때문이라고 설명할 수도 있는 것이다. 물론 여자의 반응과 상관없이 막무가내로 다가가는 남자들이 있기는 하다. 그러나 그 결과는 이미 정해져 있다.

스스로를 사랑하지 못하는 그녀들의 비극

나는 운전할 때마다 습관적으로 FM라디오를 튼다. 흘러나오는 음악 중에는 낭만적인 사랑 노래가 가장 많다. 꼭 음악이 아니더라도 사랑이나 이별에 대한 주제는 모든 매체가 다루는 가장 흔한 이야기이면서 아무리 보고 들어도 질리지 않는 소재다. 노래 가사를 찬찬히 들어 봐도 비슷한 사연들이 다양하게 변주되는 것뿐인데도 매번 새로운 노래를 듣는 것 같은 신선한 감동을 느낀다.

사랑도 마찬가지다. 누구도 사랑하고 받는 것을 지겨워할 사람은 없을 것이다. 누군가를 사랑할 수 있다는 것은 건강한 인간이라는 증거다. 독일의 대문호 괴테는 팔순에도 어린 소녀를 사랑하지 않았던

가. 늙은 노인이 주책이라고 타박할 수도 있지만 죽는 날까지 사랑을 멈추고 싶어 하지 않는 것은 인간의 본능일지도 모른다. 그리고 이 열정은 배우자를 만나는 과정을 통해 그 빛이 더 찬란하게 빛난다.

우리는 자신감이 넘치고 자신의 삶에 만족하는 사람에게 끌린다. 유혹의 기술에서 가장 중요한 것은 자신감이다. 자신감이 충만한 사람은 쉽게 조바심을 내거나 과도한 긴장이나 불안을 느끼지 않는다. 그래서 여유 있고 당당하게 행동한다. 상대에 대한 여유 있는 태도는 상대를 유혹할 수 있는 최고의 무기다.

사랑의 기술은 외부적인 환경과 조건을 바꾸는 기술이 아니다. 상대의 마음을 빼앗고, 신뢰를 얻고, 상대의 관심을 지속적인 유발할 수 있게 하는 기술이 아니다. 사랑의 기술은 바로 자기 자신을 사랑하는 기술이다. 자신을 사랑하지 않고 다른 사람을 사랑할 때, 그 사랑은 건강하다고 할 수 없다. 그런 사랑일수록 타인에게 의존적이고 자신이 원하는 것이 무엇인지도 모른 채 상대에게 끌려다니기 십상이다. 진정으로 자신을 사랑할 줄 알아야 비로소 타인을 사랑할 수 있다.

미영 씨는 20대 후반의 직장 여성이다. 대학 시절, 첫사랑을 해 보긴 했지만 연애 경험이 많지 않았다. 그러던 미영 씨가 최근 지인의 소개로 만난 남자와 사랑하는 관계로 발전했다고 한다. 사랑하는 사람이 생기자 미영 씨는 그동안 자각하지 못했던 연애 세포가 활성화되는 것을 느꼈다. 지루하고 냉소적이었던 그녀의 삶에 새로운 활력과 행복감이 채워지기 시작했다. 하지만 모든 게 좋은 것만은 아니었다. 사랑으로 얻은 기쁨만큼 사랑 때문에 겪어야 할 아픔도 있었다.

미영 씨는 남자친구의 전화나 문자가 뜸해지면 마음이 불안해지고 극심한 심리적 공황 상태를 겪었다. 저녁이 될 때까지 끝내 연락이 없으면 겁에 질렸고 남자친구 없이 주말을 보내게 될까 봐 전전긍긍했다. 하지만 막상 남자친구가 곁에 있으면 그동안 느꼈던 긴장과 불안감, 서운함을 표출하면서 쉽게 짜증을 내고 말다툼을 벌이거나 불평을 늘어놓기 일쑤였다.

남자친구는 그런 미영 씨의 행동에 인내심이 점점 바닥나고 있었다. 지쳐 가는 남자친구의 마음을 눈치 챈 그녀는 더욱 극심한 불안감에 휩싸였다. 남자친구를 만나면 만날수록, 사랑하면 할수록 미영 씨의 불안감은 커져만 갔고 자기도 모르게 그 불안감을 남자에게 표출했다. 그녀는 점점 투정만 부리는 어린아이가 돼 갔고 둘의 관계는 점점 멀어졌다. 그녀는 사랑을 하면서 그동안 몰랐던 자기 안의 수많은 불안과 직면해야 했다.

사실 이 모든 불안감이 남자친구 때문에 생긴 것은 아니다. 물론 남자친구가 미영 씨의 이런 마음을 알고 세심하게 배려해 주었다면 상황이 조금 달라졌을지 모른다. 하지만 아직 남자는 미영 씨의 모습을 다 알지도, 이해하지도 못한 상태였다. 서로 충분히 알만큼 물리적인 시간이 흐른 것도 아닐뿐더러 미영 씨를 온전히 이해하기에 미영 씨의 히스테리는 감당하기 어려울 정도였다. 짧은 연애 기간이었지만 갈등이 없었던 적이 없었다.

미영 씨가 가진 근본적인 문제는 자기를 사랑하지 못한다는 것이다. 자신에 대한 확신이 없고 자신감이 부족했기 때문에 즉각적인 반응과 표현이 끊이지 않으면 항상 불안했고, 끊임없이 그것을 갈구했다. 불안한 마음으로 위태로운 연애를 겨우 이어 갔던 것이다. 미영 씨가 근본적인 문제를 해결하지 못한다면 아마 그녀의 연애 패턴은 계속 반복될 가능성이 높다. 어떤 남자를 만나든 말이다.

나는
괜찮은 사람이야

사랑의 기술은 외부 세계가 아니라 내면세계, 바로 내 안에 존재한다. 해바라기 씨앗이 생겨나는 순간, 이미 그 씨앗 안에는 훗날 피어날 해바라기에 대한 모든 정보가 담겨 있듯이 우리 내면에 있는 자존감은 앞으로 각자가 어떤 사랑을 하게 될지에 대한 정보를 어느 정도 갖고 있다.

사랑을 잘하려면 자존감이 중요하다. 자존감은 자신을 사랑하고 존중하는 능력이다. 자기를 사랑하는 사람은 매사에 당당하고 단단한

자의식을 갖고 있다. 자의식은 이기주의나 개인주의와는 다르다. 자의식이 확고한 사람은 있는 그대로의 자기의 모습에 자신이 있기 때문에 다른 사람의 행동이나 반응에 흔들림 없이 자신의 주관대로 살아간다. 그래서 여유와 안정감이 있다. 매사에 급하게 서두르지 않는다. 느긋하고 편안한 모습, 부드럽고 여유 있는 미소가 자연스레 몸에 배어 난다.

또 자기를 긍정하는 사람에게는 놀라운 능력이 하나 더 있다. 바로 공감 능력이 높다는 것이다. 공감한다는 것은 이해한다는 것이다. 이해한다는 것은 상대방이 무엇을 원하는지 안다는 것이다. 그래서 공감 능력이 높은 사람은 자기의 욕구와 다른 사람의 욕구를 민감하게 알아채고 여기에 반응할 수 있다.

이런 사람은 자신의 감정에 솔직하다. 그 기저에 "나는 괜찮은 사람이고 사랑받을 만한 가치가 있다."는 믿음이 있기 때문이다. 솔직한 자기표현은 상대의 마음을 움직인다. 누구나 무언가 숨기려는 게 있는 사람이나 속내를 표현하지 않는 사람과는 가까워지고 싶지 않을 것이다. 자기의 감정에 솔직하고 이를 적절하게 표현할 때 우리는 상대에게 호감을 느끼고 더 가까워지고 싶은 욕구를 느낀다. 따뜻한 말 한마디, 친절한 눈빛, 다정함을 표시하는 스킨십, 사랑스러운 표정이 담긴 미소와 같은 표현을 통해서 우리는 행복감을 느끼고 누구라도 이런 사람이라면 좋아하지 않을 수 없다.

모차르트는 타고난 음악 천재로 펜과 종이만 있으면 즉흥적으로 뛰어난 음악을 만들었다. 펜이 움직이는 속도대로 놀라운 음악이 만들어졌고, 그의 악보에는 고친 부분이 거의 없을 정도였다.

이와 반대로 베토벤은 노력하는 음악 천재였다. 수년 동안 곡조를 곱씹으며 틀을 잡고 수정하고 다시 고쳐 쓰는 힘든 과정을 통해 만든 음악을 악보 위에 옮겼다. 그의 악보에는 음계를 수없이 고쳐 쓴 흔적이 남아 있다.

우리 중에도 모차르트와 같이 사랑의 기술을 타고난 사람이 있다. 이들은 태어날 때부터 타인에 대한 공감 능력이 뛰어나고 자존감이 높다. 하지만 타고난 재능이 없다고, 불우한 어린 시절을 보냈다고 낙심할 필요는 없다. 베토벤처럼 타고난 재능은 없지만 수없이 시행착오를 겪으며 성장해 나가는 사람도 있다.

나는 개인적으로는 베토벤 같은 사람에게 더 마음이 간다. 비록 타고난 천재성은 모차르트에 비해 부족하지만 주어진 환경과 타고난 재능에 좌절하지 않고 끊임없는 성장하고 변화할 줄 아는 베토벤 같은 사람 말이다. 베토벤식 사랑의 기술을 가진 사람은, 처음에는 많은 시행착오를 겪고 그 때문에 상처받을지 모르지만 성장하고 변화해 가는 모습을 통해 자기는 물론 주위 사람들에게까지 감동을 줄 수 있다.

스스로를 긍정하고 가치 있는 존재로 여기기 위해서는 용기가 필요

추하든 아름답든 있는 그대로의 나를 솔직하게 인정하는 것, 이 이상

든든한 출발이 어디 있으랴.　　　　　　　　—칼릴 지브란Kahlil Gibran

하다. 내 문제를 들여다 볼 용기, 자신의 한계를 있는 그대로 수용할 용기, 자기의 상처를 인정할 용기가 그것이다. 또 여기에 이런 자신이 누군가에게 받아들여지고 이해받고 사랑받는 경험이 필요하다.

자신을 사랑하지 않고는 누구도 온전히 사랑할 수 없다. 심지어 왜곡된 사랑은 사랑하는 사람에게 돌이킬 수 없는 상처를 주거나 그 때문에 다시 자기 자신도 상처를 받는다. 한번 용기를 낸 사람은 계속해서 성장할 수 있다. 부디 사랑하는 사람과 행복하기를, 사랑하는 사람을 사랑하고 사랑받기를 선택하자.

3

사랑,
그리고
전쟁

그들만의 리그,
여자들의 전쟁

🍃 처세

여자들의 갈등은 노려보기, 비웃기, 흉보기, 소문내기, 조종하기 등 은밀하고 정서적인 공격으로 이루어진다. 또 누구나 속한 집단 내에서 공격 대상이 될 수 있기에 불안과 긴장감을 놓을 수 없다. 누구나 갈등 상황에 휘말릴 수 있다. 하지만 상황을 이분법적으로 판단하지 말고 자책과 연민에 빠져 허우적대지 않는다면 누구나 돌파할 수 있다.

할아버지의 재력, 아빠의 무관심, 엄마의 정보력, 그리고 동생의 희생.

이 네 가지는 요즘 우스갯소리로 떠돌고 있는 '아이를 좋은 대학에 보내기 위해 필요한 것'이라고 한다. 아빠가 벌어들이는 수입으로는 사교육비를 충당하지 못하니 할아버지의 경제적 지원이 필요하고, 교육 정보가 부족한 구닥다리 아빠는 아이 교육에 걸림돌만 된다는 것이다. 또 아이 둘을 모두 대학에 보내기에는 돈이 너무 많이 드니 동생은 일찌감치 포기해야 첫째를 좋은 대학에 보낼 수 있다는 의미도 포함하고 있다.

여기서 엄마의 정보력은 인터넷 검색이나 EBS 교육 프로그램을 통해 누구나 얻을 수 있는 것을 말하는 게 아니다. 학부모 집단에서 정보를 공유해야 겨우 얻을 수 있는 것들이다. 엄마의 정보력은 엄마가 얼마나 우수한 집단에 속해 있으며 그곳에서 적절한 정보를 얼마나 많이 얻을 수 있느냐에 따라 달라진다.

초등학교 3학년 수철이 엄마는 소위 대한민국 최고라 불리는 명문대를 졸업한 엘리트다. 대학교수인 남편을 따라 유럽 생활도 오래 해서 3개 국어를 자유롭게 구사할 줄 알았다. 강북에서 나름 상류층에 속했던 수철이 엄마는 아이의 교육을 위해 강남 대치동으로 이사를 했다. 성격이 활발하고 적극적인 수철이는 대치동 생활에 잘 적응하는 듯 보였다.

수철이 엄마는 그 위대한 '엄마의 정보력'을 갖추기 위해 아파트 단지를 중심으로 형성된 수많은 엄마 집단 중 하나에 겨우 가입했다. 이미 그룹이 형성된 상태여서 다른 엄마들의 비위를 맞춰 가며 입시에 유리한 정보를 얻으려 안간힘을 썼다. 이 모임은 단순한 엄마들의 모임이 아니었다. 이 시기, 엄마들의 모임은 아이들의 또래 집단을 결정하기도 한다. 곧 엄마들의 모임이 수철이가 속할 또래 집단을 결정하게 되는 것이다. 이 집단에서 엄마가 리더면 아이도 리더가 되고 엄마가 왕따면 아이도 왕따가 된다.

수철이는 다른 아이들보다 행동반경이 커서 쉽게 다른 엄마들의 눈에 띄었다. 무리에서 튄다는 것은 엄마들 사이에 긴장감을 불러왔는데 이것은 상당히 위험한 상황일 수 있었다. 누군가 수철이를 삐딱한 시선으로 보기 시작하면 수철이가 그룹에서 소외될 수 있다는 것을 의미하기 때문이다. 그동안 자신의 학벌과 교수라는 남편의 직업을 어필하면서 어떻게든 무리 안에서 버티려고 노력했던 수철이 엄마는 불안해지기 시작했다.

그러던 어느 날 수철이 엄마는 충격적인 사실을 알게 됐다. 그동안 모임에서 가장 믿을 수 있는 사람이라고 생각해서 고민을 털어놓았던 한 엄마가 누구보다 수철이의 문제 행동을 자주 지적해 왔다는 것이다. 그뿐 아니라 수철이 엄마가 털어놓았던 고민들을 다른 엄마들에게 전하면서 아이를 따돌리는 데 앞장섰다는 사실까지 알게 됐다. 충격에 휩싸인 수철이 엄마는 왜 그랬는지 강력하게 따져 물었지만 그녀는 자신은 그런 적이 없다는 말만 반복했다. 하지만 수철이 엄마는 뻔뻔한 얼굴 뒤에 감춰진 비웃음을 느낄 수 있었다. 그리고 그 엄마에 대한 실망감을 넘어 분노와 공포까지 느꼈다.

수철이 엄마는 엄마들 사이에서 일어나는 알력 싸움에 지쳐 곧장 수철이를 데리고 강북으로 돌아왔다. 그동안 대치동에 정착하려고 기를 쓰며 노력했던 모든 것을 버리고 원래의 자리로 돌아간 것이다.

남자는 몸으로 과격하게,
여자는 감정으로 은밀하게

수철이 엄마의 사례는 과열된 교육 경쟁으로 상처받은 학부모의 특수한 이야기만은 아닐 것이다. 지금도 많은 아파트 단지에서 흔히 일어나는 사건이며 경쟁에서 낙오된 수많은 엄마들의 현실이기도 하다.

아파트 단지 안에서 존경받는 엄마란 경제적 능력이 있거나 좋은 스펙으로 무장한 엄마가 아니다. 공부 잘하고 친구들에게 인기 있는 아이의 엄마가 훌륭한 엄마로 인정받는다. 아이의 성적은 곧 엄마를 비롯한 한 가정의 가치를 말해 준다. 주부들이 남편의 성공과 야망을 위해 부지런히 뒷바라지를 하던 시대는 지났다. 엄마들의 관심은 이제 온통 자녀의 교육에 있다. 아이의 교육을 위해서라면 엄마들끼리 유치한 기싸움을 하기도 하고 전략을 세우기도 하며 누군가를 따돌리기도 한다. 아이들에게는 사이좋게 지내라고 하면서 엄마들은 그렇게 지내지 않는다. 특히 아이의 이익과 관련된 일이라면 전혀 양보할 생각이 없다. 그리고 자기 아이에게 조금이라도 피해를 주는 아이가 나타나면 바로 반응을 보인다. 이런 엄마들의 모습은 단지 아이를 잘 키워 보겠다는 과열된 열정 때문만이 아닌 여자들의 특성과도 관련이 있는 듯하다.

남자아이들과 여자아이들이 싸우는 형태를 보면 그 특성이 무엇인지 알 수 있다. 남자아이들은 주먹질을 주고받고 싸우다가 누군가 코피가 터지면 싸움이 끝난다. 여자아이들의 싸움은 겉으로 드러나지 않는다. 하지만 심각한 정신적 트라우마를 남긴다. 남자아이들의 싸움은 한눈에 보이지만 여자아이들의 싸움은 좀처럼 눈에 보이지 않는다. 미국의 여성연구가인 레이첼 시몬스Rachel Simmons는 그녀의 책 『소녀들의 심리학』을 통해 남자와 여자의 따돌리는 성향을 이렇게 설명한다.

남자아이들은 누군가를 따돌릴 때 잘 모르거나 친하지 않은 아이를 대상으로 한다. 자기 집단에 있는 친구들에게는 강한 소속감을 보이기 때문에 다른 집단으로부터 친구들을 보호하려 애쓴다. 반면 여자아이들은 가장 친한 친구들 중에서 따돌릴 대상을 선택한다. 공격 도구는 노려보기, 비웃기, 흉보기, 소문내기, 욕하기, 조종하기 등으로 표적 대상에게 끊임없이 심리적 고통을 안겨 준다.

남자아이들의 주먹다짐이나 폭력은 어느 정도 상처를 남기지만 세월이 흐르면 대부분 기억에서 사라진다. 하지만 여자아이들의 남몰래 쨰려보기, 친구 따돌리기, 뒤에서 욕하기, 나쁜 평판 소문내기 등의 행위는 은밀하면서 간접적이며 정서적인 공격이어서 치명적인 생채기를 남긴다. 여자아이들은 누구나 자신이 속한 친한 친구들 사이에서 언제든 공격의 대상이 될 수 있다는 것을 안다. 그래서 가장 친한 친구가 가장 치명적인 공격자로 변신할 수 있다는 사실에 늘 불안해한다. 또 자신이 피해자가 될 수도, 가해자가 될 수도 있는 복잡한 관계의 굴레 안에서 긴장감을 놓을 수 없다.

따라서 여자에게 가장 중요한 것은 유대감이다. 물론 남자에게도 유대감은 중요하지만 여자들에게 조금 더 민감하게 작용한다. 사춘기 시절에는 부모와의 관계보다 또래 집단과의 유대감이 훨씬 더 중요해진다. 소녀들은 수다를 떨기 위해 서로 자주 만나고 연락한다. 부모님이나 선생님, 다른 친구들에게 받은 스트레스를 끊임없는 수다로 풀어 댄다. 수다는 본래 마음의 긴장을 풀어 주고 갈등을 해소하는, 치료 효과가 뛰어난 행동이다. 하지만 그런 방식으로 만들어진 끈끈한 관계 안에서도 여전히 경쟁과 갈등은 숨어 있다.

이것들은 은밀하고 치열하게 드러난다. "더 이상 너랑 말하지 않을 거야!"라는 말은 소녀들에게 가장 큰 형벌이다. 대화의 단절은 사회적 격리를 의미하며 정서적 고립감과 불안감을 불러오고 그동안 일궈 놓은 유대 관계를 일순간에 무너뜨린다. 이런 경험은 상당한 트라우마가 된다. 소녀들은 이런 갈등 속에서 공개적인 대결 없이 우두머리가 되는 법, 은밀하게 상대를 조종하는 법, 침묵과 대화를 통해 상대를 통제하는 법들을 배운다.

남자아이들은 이렇게 복잡한 내적 방식으로 갈등할 줄 모른다. 하지만 여자아이들은 성인이 돼 벌이게 될 각종 이권 전쟁과 갈등을 소녀 시절에 이미 터득한다. 은밀하게 이루어진다는 점에서 어쩌면 남자들보다 한 수 위일지도 모르겠다.

불필요한 관계의 피로감을 버릴 것

수철이 엄마는 왜 엄마들의 모임에 적응하지 못했을까. 그녀는 분명 좋은 배경을 가진 엘리트 엄마였다. 다른 엄마들에 비해 스펙이 모자라거나 아이를 잘 키우겠다는 의지가 약한 것도 아니었다.

그녀는 바로 소녀 때부터 이어져 온 여자들의 전쟁에 휘말렸고 여기서 상처를 받고 좌절했다. 새로 이사 간 아파트의 엄마들 모임에서는 그녀를 받아 줬다. 하지만 받아 줬다고 전적으로 신뢰한다는 의미는 아니다. 그녀는 어느 집단에서나 모략, 비방, 따돌리기, 은밀하게 통제하기 같은 전략이 일어날 수 있다는 사실을 몰랐다. 그리고 앞으로 새로운 모임에 가게 되더라도 그곳에서 겪었던 수난을 다시 겪지 않으리라는 보장은 없다.

여자는 자기가 가장 싫어하는 사람에게도 친근감을 표현할 수 있고 우호적인 분위기를 연출할 수 있는 뛰어난 능력을 갖고 있다. 쉽게 말해 자신의 속마음을 감추는 훈련이 잘 돼 있는 것이다. 레이첼 시몬

스는 이런 여자들의 능력이 어릴 때부터 착한 아이가 되라는 부모와 사회의 훈육 방법에서 기인한다고 본다. 여자는 늘 착해야 하기 때문에 남자들에 비해 갈등과 분노의 표출을 엄격하게 억압당한다. 자신의 감정을 억압당한 어린 소녀들은 드러나지 않는 방법으로 은밀하게 공격하는 식의 왜곡된 감정 표현 방법을 익히게 된다. 또 그 대상은 가까운 친구들이다. 그래야만 티가 나지 않기 때문이다.

수철이 엄마에게 배신의 상처를 안긴 엄마 역시 다른 아이들보다 활동적이고 장난도 많이 치는 수철이가 자기 아이에게 안 좋은 영향을 줄까 봐 위기감을 느꼈을 것이다. 또 수철이 엄마의 스펙과 좋은 집안 환경에서 불편함과 경쟁심도 느꼈을 것이다. 하지만 드러내 놓고 불편함을 표현하는 것은 여자들의 방법이 아니다. 그래서 그녀는 비공식적으로, 보이지 않는 곳에서 그녀를 비방하고 뒷담화를 하면서 자신의 불편한 속내를 은근하게 드러냈다.

여자들은 보통 상대를 공격했을 때 그 행동을 끝까지 숨기거나 인정하지 않으려 든다. 또 자신이 왜 화가 났는지 구구절절 설명하지 않는다. 그저 자신이 화가 났다는 것을 상대가 알아차리기를 바랄 뿐이다. 수철이 엄마가 그녀에게 왜 그런 짓을 했는지 따져 물었을 때 오리발을 내밀며 알 수 없는 미소만 지은 것은 바로 이런 심리 때문이다.

이분법적 갈등에
마음 다치지 않기

　　　　　　수철이 엄마는 그동안 친하게 지내며 정보를 공유했던 엄마들에게 배신당했고 그 안에서 극심한 무력감과 분노, 실망, 슬픔, 모욕감을 느꼈다. 그녀가 가장 힘들었던 것은 혼자라는 것, 아무도 자신의 편이 아니라는 외로움이었다. 다시는 그런 식으로 배신당하고 싶지 않았다.

　하지만 대상이 달라질 뿐, 그녀는 얼마든지 다시 그런 수난을 겪을 가능성을 안고 있다. 갈등 상황에 놓이면 누구나 쉽게 이분법적 사고에 빠진다. 주위 사람들을 내 편과 네 편으로 구분하고 중간을 인정하지 않는다. 중간을 인정한다는 것은 상당한 에너지를 필요로 하는 일이기 때문에 여러 사정을 이해하고 타인의 입장이 돼 생각하는 것보다 너와 나, 흑과 백으로 나누는 것이 훨씬 쉽고 명확하기 때문이다. 그렇기 때문에 자기편으로 여겼던 사람이 조금이라도 자신을 비난하면 상대가 자신을 배신했다고 판단하고 고통스러워한다.

　사실 수철이 엄마를 따돌린 사람들뿐만 아니라 그녀 역시 이분법적 사고에서 자유로울 수는 없었던 것이다. 집단 안에서 존재하는 것은 자기편과 반대편밖에 없다고 여겼기 때문에 자신에 대한 수모에 침묵하고 동조하는 다른 엄마들에게까지 크게 배신감을 느꼈다. 하지만 자신을 편들지 않았다고 해서 배신한 것은 아니다. 어쩌면 다른 엄마들은 누구의 편도 아닌 중간자적 입장이었을 수도 있다. 하지만 수철이 엄마는 그런 갈등 상황을 승자와 패자의 입장으로만 받아들였기 때문에 견딜 수 없는 배신감을 느꼈다.

그녀는 도망치듯 모임을 벗어나 이사했지만 사실 수철이 엄마를 따돌리려던 엄마가 이 갈등에서 승리했다고 보기도 어려울 것이다. 집단 안에는 힘의 균형을 유지하려는 의지가 존재한다. 누구도 권력이 한 곳에 몰리기를 바라지 않는다. 하지만 수철이 엄마는 배신감과 상처의 충격 때문에 다른 엄마들과 모임 전체를 자기의 적으로 여겼다. 차라리 따돌림의 낌새를 눈치 챘을 때 감정을 억누르고 은밀한 방식으로 최초의 배신 사실을 알려 준 엄마를 자신의 편으로 끌어들여 외로움에 적극적으로 대응했더라면 상황은 달라졌을 수 있다.

어떤 집단에서든 원치 않는 소나기를 맞을 수 있고 소나기가 그치면 다시 때는 온다. 어차피 모든 엄마들은 경쟁자다. 그 안에서 영원한 자기편을 얻기란 쉬운 일이 아니다.

수철이 엄마는 자신을 자책했다. 하지만 이 일은 누가 자명한 잘못을 했기 때문에 벌어진 일이 아니다. 물론 언제나 세심하게 주의를 기울이고 조심스럽게 행동한다면 갈등을 피할 수도 있을 것이다. 하지만 우리는 늘 그런 식으로 살 수 없다. 오히려 모든 관계를 그런 식으로 맺었다가는 더 큰 문제와 갈등이 생길 수도 있다. 누구라도 자신을 의심하고 경계하는 사람을 좋아하지 않는다. 아마 그랬다면 수철이 엄마는 애초에 그 집단에 들어갈 수도 없었을 것이다.

우리는 매일 관계를 맺으며 살아가고, 관계는 언제든 깨질 수 있는 나약한 유리 같은 것이어서 갈등과 긴장을 영원히 피할 수는 없다. 중요한 것은 아무리 힘들어도 자신을 잃어버리지 않는 것이다. 문제를 현명하게 해결하기 위해서는 상황을 이분법적으로 판단하지 말고 자기비판과 자기 연민에 빠져 허우적거려서는 안 된다. 갈등에 휘말리는 것 자체가 실패는 아니다. 누구나 그런 상황에 빠질 수 있고 어떻게 그것을 돌파하느냐가 현명한 처세의 관건이다.

세상의 수많은 수철이 엄마들은 앞으로도 계속 엄마들의 전쟁을 맞닥뜨리게 될 것이다. 그런 관계의 전쟁에서 자신에 대한 가치와 신뢰를 져버리지 않고 유연하게 대처하는 것만이 내면의 평온을 유지하고 상처를 최소화할 수 있는 최선의 길이다.

알파걸 시대의
아내들

🍃 콤플렉스

아이를 명문대에 보내거나 남편의 사업이 잘된다고 여자의 인생이 성공하는 것은 아니다. 여자의 인생이 남편이나 자녀에 의해 결정된다면 여자의 행복은 남편과 자녀에 종속될 수밖에 없다. 완벽한 아내, 완벽한 엄마가 돼야 한다는 콤플렉스를 버리고 나부터 잘살자. 내가 행복해야 가족도 행복하다.

희숙 씨는 어릴 때부터 공부 잘하는 똑똑한 딸이었다. 부모님은 그런 희숙 씨를 자랑스럽게 생각했다. 오빠도 한 명 있었지만 부모님은 오빠보다도 똑똑한 희숙 씨에게 은근히 더 많은 기대를 했다. 가족들의 기대대로 그녀는 명문대 의대에 들어갔고 전문직 여성으로서 성공한 사회인이 됐다.

이후 그녀는 평범한 회사원인 한 남자를 만나 사랑에 빠졌다. 결혼 적령기였던 그녀는 그 남자와의 결혼을 원했지만 부모님은 남자가 '잘난' 딸과 결혼시키기에 부족하다는 생각이 들어 영 마뜩잖았다. 하지만 희숙 씨는 열심히 부모님을 설득했고 결국 결혼에 골인했다. 오직 '사랑' 하나만 보고 결혼을 결심했던 그녀는 결혼 후에 예기치 않은 문제들에 직면하게 됐다. 결혼은 그녀의 남자를 남편으로 만들었고 자신은 아내와 며느리로 만들었다. 그녀는 특별히 죄를 진 것도 아닌데 언제나 시댁의 눈치를 살펴야 했고 회사 일 때문에 피곤하다며 집안일에는 손도 대지 않는 남편 때문에 속앓이를 했다.

그녀는 남편보다 연봉도 월등하게 높았고 일의 강도도 훨씬 강했지만 남편은 집에서 손 하나 까딱하지 않고 가부장적인 태도를 고수했다. 그녀에게 집은 더 이상 아름다운 사랑을 나누는 안락하고 편한 공간이 아니었다. 어릴 때부터 손에 물 한 번 묻히지 않고 딸을 키워 온 부모님이 자신의 이런 생활을 알면 당장이라도 이혼하라고 할 것 같아 말도 꺼내지 못하고 혼자서 끙끙대기 일쑤였다.

그나마 둘일 때는 나았다. 희숙 씨의 위기는 아이가 태어나면서 본격적으로 시작됐다. 엄마가 되는 기쁨도 잠시, 그녀가 책임지고 해내야 할 일은 기하급수적으로 늘어 갔다. 가사와 육아는 온전히 그녀의 몫이었고 일의 강도도 여전했다. 이 모든 것이 그녀를 지치게 만들었다. 늘어만 가는 일과 책임감의 압박 속에서 그녀는 허우적거렸다. 어떤 것도 실패하고 싶지 않아 최선을 다했지만 힘든 것은 어쩔 수 없었다. 저런 남편을 선택한 것은 다름 아닌 자신이었다는 생각에 누구를 원망할 수도 없었다. 어느새 그녀의 얼굴에는 웃음이 사라졌고 알 수 없는 슬픔과 고단한 삶의 흔적만이 가득했다.

이름을 잃어버린
'며느리들'

　　　　　　　우리나라의 20대 후반~40대 초반의 젊은
주부들은 어린 시절부터 알파걸 신화 속에서 성장했다. 여자는 집에
서 아이들을 돌보며 가족에게 헌신하는 현모양처여야 한다는 말은
이들에게 완전히 옛말이 된 지 오래다. 이전 세대들이 경험해야 했던
남아선호사상의 압박에서도 자유로웠다. 남자와 여자, 모두에게 동등
한 기회가 주어진 최초의 세대였기 때문이다.

　똑똑하고 공부를 잘하는 것이 과거에는 남자들만의 몫이었지만 알
파걸 세대에게 그것은 성별의 문제에 국한되지 않았다. 딸이 똑똑하
고 공부를 잘하는 것은 이제 가족의 자랑이자 성공의 열쇠가 됐다. 그
결과 다양한 영역에서 두각을 드러내는 알파걸들이 출현하여 사회
곳곳에서 목소리를 낼 수 있게 됐다.

　이전 세대에 비해 교육이나 사회적인 차별을 겪지 않고 성공하는
여자들이 많아졌다. 하지만 사회적 성공과 교육의 기회가 공평해진
것에 비해 결혼이라는 제도의 특성은 변하지 않았기 때문에 그 사이
에서 알파걸들의 극심한 혼란은 시작됐다. 알파걸들이 결혼을 통해
얻은 '아내'라는 역할은 교육을 통해 얻은 이성과 합리만으로 이해되
지 않는 부분이 많았다. 그동안 자신들이 알아 왔던 모든 이성적인 법

칙들은 완전히 무시됐고 낡은 세계의 전유물이라고 생각했던 법칙들이 아내라는 역할에 덧입혀진 것이다.

여성의 사회적 지위는 빠르게 변화했지만 수천 년을 이어 온 유교적 전통은 가정이라는 틀 속에 뿌리 깊이 각인돼 있다. '여자니까'라는 편견에서 비교적 자유로웠던 세대가 결혼을 하면서 '여자니까'라는 압박에 시달리게 된 것이다. 그녀들은 결혼 절차에서부터 혼수나 폐백 같은 전통, 시댁 중심으로 꾸려지는 가족 행사까지 이미 한국 사회에서 퇴출당한 줄 알았던 수많은 가부장적 문화의 유산을 마주하고 큰 혼란에 빠진다.

결혼 후 처음 치르는 명절은 그 전통 유산의 실체를 처음으로 직면하는 순간이다. 딸일 때는 몰랐던 가부장적 문화의 폭력성을 생생하게 체험하게 되는 것이다. 남자와 여자의 세계가 완벽하게 분리된 세계…. 여자들은 하루 종일 부엌에서 종종걸음으로 음식을 준비하고 남자들은 하루 종일 거실에 누워 TV를 보거나 화투를 치면서 논다. 여자들은 온갖 가사 노동에 시달리면서 태평하게 놀고 있는 남자들의 시중까지 들어야 한다. 시어머니가 만들어 주는 음식을 먹기만 하는 것도 불편하기 짝이 없다. 우수한 성적으로 대학을 졸업하고 사회적 성공을 거뒀다는 사실 따위는 '시댁'이라는 세계에서 아무런 소용도 힘도 없다. 그곳에서 여자는 단지 며느리일 뿐이다.

슈퍼와이프의
고단한 삶에 대하여

우리는 어떤 어려움에 직면했을 때 혼란과 충격으로 마음의 상처를 입는다. 이럴 때는 해결되지 않는 문제 자체보다도 그 문제를 해결하기 위해 자신이 할 수 있는 일이 아무것도 없다는 무력감에서 오는 상처가 훨씬 깊다. 그리고 이런 무력감에서 오는 분노와 원망의 감정을 결국 자신에게 돌리면 더 깊은 고통에 빠지게 되고 이는 바로 우울증으로 이어지기도 한다.

보통 우울증은 남성보다 여성들이 훨씬 많이 걸린다. 우울증은 무능과 무기력에서 비롯된 분노와 원망, 공허감 같은 부정적인 감정들이 자기 자신을 향해 공격하는 것이다. 희숙 씨처럼 알파걸 시대를 살아 온 30대 여성들이 남성 중심적인 전통이 뿌리 깊이 깔린 가정 안에서 자신이 할 수 있는 게 아무것도 없고, 바꿀 수 있는 것도 없다는 무력감을 느끼면 쉽게 우울증에 빠질 수 있다.

주변에서 이유를 알 수 없는 우울감에 빠진 여성들을 쉽게 만나 볼 수 있다. 그런데 사는 것이 재미없고 지긋지긋하고 지루하다는 감정이 들고 무력감을 느끼게 된 시점을 돌이켜 보면 놀랍게도 대부분 결혼의 시점과 맞물려 있다는 것을 알 수 있다.

사회는 오늘날의 아내들에게 과거보다 훨씬 더 많은 역할을 요구한다. 기존의 아내와 며느리의 역할은 물론, 아이보다 더 많이 뛰어야 하는 엄마의 역할, 그리고 자신의 일을 성취해내는 직장인으로서의 역할까지 기대한다. 끼 많은 연예인을 보면 한 가지 역할에만 자신을 가두지 않고 다양한 역할을 소화한다는 걸 알게 된다. 이처럼 오늘날의 여성들에게 그저 착한 여자나 좋은 아내뿐만이 아닌 모든 방면에서 다재다능한 아내가 되기를 요구하고 있다. 과거에는 남편과 아이들을 위한 가정 도우미 또는 전업주부 같은 수동적 역할만을 수행했지만 이제는 적극적인 가족 행복 지킴이로 변신하고 있다. 그래서 요즘에는 직업적 성공은 물론 자녀를 양육하고 가정을 보살피는 역할까지 모두 잘해야 좋은 아내로 인정받는다.

가정 경제를 꾸리고 유지하는 것도 아내의 몫이다. 단순히 가계부를 작성하며 알뜰하게 생활을 꾸리는 것에 그치는 것이 아니라 재테크 같은 금융 정보에도 밝아야 한다. 아이들이 학습적인 면에서 뒤처지지 않도록 사교육 정보를 수집하고 적극적으로 학습 관리를 도우며 아이들의 매니저 역할도 해야 한다. 대학생이 된 자녀를 위해 엄마가 방학 기간의 수업 계획과 자격증 취득, 학원 등록까지 관여하는 모습도 낯설지 않다. 이 젊은 엄마들은 아이가 성인이 돼도 끝까지 자녀들을 양육하는 데 적극적으로 나선다. 이런 아내들의 변신을 탓할 수는 없다. 왜냐하면 이것은 사회가 요구하고 있는 것이기 때문이다.

나는 종종 사회생활과 가정생활을 동시에 꾸려 나가는 아내를 보면 안타깝기도 하고 대단하다는 생각을 하기도 한다. 회사에 다니면서도 아들 녀석의 스케줄을 꿰고 있으며 학원과 선행 학습 등 모든 것을 관리하는 모습에 놀라움을 금치 못한다. 아이가 공부를 썩 잘하는 것도 아니지만 끊임없이 다독이고 격려하면서 키워 내기도 하고 가끔 삐지는 남편의 마음까지도 어루만진다. 이런 아내를 보면 정말 모신이 따로 없다는 생각이 든다. 때론 아내가 있기에 비로소 이 가정의 행복이 유지될 수 있다는 느낌마저 받는다.

가정 안에서 희생을 강요하는 문화는 알파걸 시대에도 유효하다. 하지만 오늘날의 여성들이 과거와는 달리 자신감과 진취성으로 사회에서 당당한 여성상을 구축했듯이 이제 가정 안에서도 그런 자신감으로 보다 합리적이고 건강한 아내상을 만들어 나가야할 때다.

내조의 여왕은
필요 없다

성공과 실패라는 이분법적 논리가 모든 것을 지배하는 세상이다. 삶에 대한 시각이 이토록 극단적으로 나뉜 현대사회에서 사람들은 성공을 향해 앞으로만 달려간다. 하지만 아내라는 역할에 요구되는 수많은 일들은 단지 성공과 실패로만 판단하고 규정하기 어렵다.

종종 언론을 통해 아이를 명문대에 보낸 성공한 엄마에 대한 이야기나 내조의 여왕이라고 소개되는 여성들을 본다. 하지만 나는 성공한 아내, 성공한 엄마는 없다고 생각한다. 인생의 한 부분이 좋은 성과를 거둔 것이지, 여자의 인생 자체가 남편이나 자녀의 성공 때문에 결정지어질 수는 없다고 여기기 때문이다. 그리고 앞으로도 여성의 이런 측면만을 강조한다면 여자의 인생은 그 자체로 완성되거나 성공하는 것이 아닌 남편과 자녀의 삶에 종속될 수밖에 없다.

자녀를 유명 예술가로 키워 낸 엄마라면 분명 많은 것을 희생하며 아이를 위해 헌신했을 것이다. 그렇다고 해서 그녀의 인생이 성공했다고 할 수 있는 걸까? 단지 자녀가 유명 예술가가 된 것일 뿐이다. 가정 안에 있는 수많은 소소한 행복 가운데 한 가지를 얻은 것이다.

아내들에게 가정의 행복은 목표가 아닌 과정이다. 예술이나 스포츠에서도 과정에 충실할 때 좋은 결과를 얻고, 목표에만 집착하다 보면 마음의 평정을 잃어 슬럼프에 빠지기 쉽다. 아내의 역할도 마찬가지다.

한 가정의 아내로, 엄마로, 며느리로, 딸로, 그리고 여자로 살아가는 일은 누구에게나 쉽지 않다. 하지만 모든 분야에서 완벽해지려고 안간힘을 쓰다 보면 상황은 더 나빠질 수 있다. 완벽한 아내, 완벽한 엄마는 이 시대를 살아가야 할 여성들에게 어울리는 모습이 아니다. 그것은 오히려 과거의 아내들과 엄마들이 짊어지던 무거운 짐이었다.

부족해도 괜찮고 실수해도 괜찮다. 누구도 처음부터 완벽한 아내, 완벽한 엄마이지는 않았을 테니까. 자기의 한계를 인정하고 나의 노력으로 완벽한 가정을 이룰 수 있다는 생각부터 버리자. 그것이야말로 여성들에게 세뇌된 허황된 꿈이다. 자신을 완벽하게 만들기 위해 채찍질하지 않고, 자신의 장단점을 인정하고, 할 수 있는 일과 할 수 없는 일을 인정하고 당당하게 살아가다 보면 어느 순간, 그녀들 몸에 맞는 새로운 여성상이 만들어지지 않을까.

왕따, 초대 받지 못한
열세 번째 요정

🍂 경쟁

직장에서 여자들의 보이지 않는 경쟁은 끊이지 않는다. 주로 소문 퍼뜨리기, 험담하기, 조종하기와 같은 은밀한 방법으로 서로를 공격하고 따돌린다. 여자들의 경쟁이 더 치열하고 은밀하게 이루어지는 이유는 아마도 아직까지 직장 내에서 여자들이 차지하는 영역이 남자에 비해 적기 때문일 것이다. 그렇기에 자신의 것을 빼앗기는 게 두려운 것은 아닐까.

그림형제의 동화 『찔레꽃 공주(잠자는 숲속의 미녀)』의 이야기다. 어떤 나라의 왕비가 그토록 바라던 딸을 낳았다. 왕은 기쁜 마음에 성대한 잔치를 열었고 요정들을 초대했다. 그런데 초대한 요정은 13명인데 황금 식기는 12개밖에 없었다. 왕은 어쩔 수 없이 12명의 요정만을 초대해 성대한 잔치를 열었다. 그러자 초대받지 못한 열세 번째 요정이 잔치가 무르익을 무렵 불쑥 찾아와 공주가 열다섯이 되는 해에 물레에 찔려 죽을 것이라고 저주를 퍼부었다. 초대받지 못한 요정은 무리에 속하지 못한 채 소외됐고 그 상처를 공주에 대한 저주로 해소하려 한 것이다.

특정 집단에 속하지 못한 소외감은 누구에게나 좌절과 모욕감, 분노를 일으킨다. 이로 인한 상처는 심각한 감정적 통증을 불러일으키고 분노와 우울감에 빠져 판단력마저 잃게 만든다. 우리는 살면서 수많은 열세 번째 요정을 만나거나 때론 스스로가 열세 번째 요정이 돼 고통 속에서 괴로워하거나 엉뚱한 방식으로 자신의 상처를 치유하려 한다.

관계지향적 여성들의 직장 내 왕따

미경 씨는 남들보다 늦게 대학을 졸업하여 늦깎이 회사 생활을 하고 있었다. 그녀는 처음 만났을 때 1년 동안의 힘든 회사 생활로 정신적 공황 상태에 놓여 있었다. 상담을 하는 동안에도 계속 손을 떨었고 불안해했고 심각한 수면 장애로 잠을 제대로 이루지 못하고 있다고 했다. 그녀는 하루에 2시간도 자지 못하는 생활을 계속하다가 절박한 마음으로 상담실을 찾은 것이었다.

그녀의 고통은 회사에 입사하면서 시작됐다. 미경 씨는 아름다운 외모에 세련된 패션 감각까지 갖추고 있어서 입사와 동시에 남자 사원들의 관심을 모았다. 입사하자마자 인기를 한 몸에 받게 되자 자연스레 시샘의 대상이 된 그녀는 다른 여직원들과 어울리기 힘들었다. 그들 무리 속에 하루빨리 편입돼서 유대감을 형성하고 싶었지만 여직원들은 그녀를 받아들이려 하지 않았다.

그녀는 혼자가 됐다. 아니, 처음부터 혼자였다. 그렇다고 더 미움을 살까 봐 자신에게 친절하게 다가오는 남자 직원들과 어울릴 수도 없었다. 점심시간은 그녀에게 가장 고통스러운 시간이었다. 다른 여직원들이 그녀 앞을 지나면서 점심 메뉴를 고민하며 까르르 웃었지만 그녀에게는 눈길 한 번 주지 않았다. 그것은 감히 같이 식사할 생각은 추호도 하지 말라는 단호한 경고와도 같았다. 그들에게 다가가고 싶었지만 이미 거대한 벽이 가로막고 있었다. 특히 여직원이 많은 회사였던지라 그녀의 고통은 말할 수 없이 컸다.

미경 씨는 초대 받지 못한 열세 번째 요정이었다. 요정은 분노의 감정을 상처 입힌 사람들에게 퍼부었지만 미경 씨는 감히 그러지 못했다. 그녀는 자책하며 스스로에게 고통의 감정을 퍼부었고 그것은 불안과 우울, 무기력으로 나타났다.

현대사회에서는 직장 동료들과 가족보다 더 많은 시간을 함께하기 때문에 직장에서 따돌림을 당하면 극심한 고통을 경험한다. 직장 내 왕따를 뜻하는 모빙Mobbing이라는 말이 있다. 이것은 직장 동료들에 의해 집단적인 공격, 비난, 불이익, 따돌림 등을 당하는 것으로 종종 직장 상사도 여기에 동참한다. 인간관계에서 흔히 발생하는 평범한 갈등이나 다툼, 긴장 관계와 달리 모빙은 체계적이고 의도적이며 지속적으로 집요하게 이루어진다.

모빙은 일회적 경험이 아닌 지속적인 행동 패턴이다. 직장에서 남성과 여성이 당하는 모빙의 방식은 다른 것으로 나타난다. 남성이 주로 일(관련 업무)과 관련돼 모빙을 당하는 반면 여성은 관계적인 맥락에서 모빙을 당한다. 모빙 행위는 당사자에게 심각한 트라우마를 남긴다. 이 트라우마를 치료하지 않으면 우울증이나 중독 질환(특히 알코올 중독)으로 이어지기 쉽다.

직장 내 따돌림에서 주목할 만한 점은 상대적으로 여자들이 그 대상이 되는 경우가 많다는 것이다. 2009년 독일연방 노동보호 및 노동의학국의 '집단 따돌림 보고서'에 의하면 독일에서 약 100만 명의 따돌림 피해자가 있으며 그중 75퍼센트 이상이 여자였다. 또 남성이 아닌 같은 여성으로부터 따돌림을 당한 경우가 월등히 많았다.

여자는 남자에 비해 관계지향적 성향이 강하기 때문에 타인과의 유대감을 매우 중요하게 여긴다. 따라서 따돌림의 피해자가 되는 여자는 남자보다 더 치명적인 상처를 받게 된다.

무리하게 무리에
대항하지 말 것

"너 이야기 들었어? 이번에 우리 부서에 새로 입사한 애 있지, 글쎄 벌써 김 대리와 사귄대."

"어머, 입사한 지 얼마나 됐다고…. 정말 대~단하네."

소문 유포, 비방, 귓속말하기는 가장 빈번한 따돌림 전략이다. 이는 소위 '복도 통신', '화장실 통신'을 통해 퍼지기 시작한다. 미국 스테이튼 아일랜드 대학의 심리학과 여성학 교수인 필리스 채슬러Phyllis Chesler는 여자들은 다른 여자에 관한 나쁜 소문을 쉽게 믿어 버리는 경향이 있다고 말한다. 그러면 소문의 당사자는 진위 여부와 상관없이 치명타를 입는다. 여자들은 은밀한 공격을 더 자주 하게 되는데 주로 소문 퍼뜨리기, 험담하기, 교묘하게 조종하기 같은 방법들을 사용한다. 따돌림에 사용되는 이런 방법들은 남자보다 여자들에게 훨씬 익숙한 것들이다.

여자들은 다른 여성들에게 우호적이기보다 공격적이다. 적어도 직장 내에서는 그렇다. 한 조사에서 미국 여성 중 86퍼센트가 남자들과 기꺼이 일하겠다고 했고 14퍼센트만이 같은 여성 동료와 일하고 싶다고 했다. 여자들끼리는 복도나 화장실에 모여 친밀하게 수다를 떠는 모습을 자주 볼 수 있지만 속으로는 다른 생각을 갖고 있다는 것을 반영하는 결과다.

왜 여자들은 직장에서 서로에게 더 매몰차고 공격적일까. 이는 직장 내에 당연히 존재하는 경쟁이 여자들 사이에서는 터부시돼 왔기 때문이다. 본래 직장은 끊임없는 경쟁과 긴장, 갈등이 존재하는 곳이다. 그러나 이 경쟁 자체를 인정하려고 하지 않기 때문에 경쟁이 보다 은밀한 방식으로 나타나는 것이다. 여자들 사이의 경쟁이 더 치열하고 은밀한 이유는 아직까지 직장 안에서 여자들이 차지할 수 있는 영역이 적기 때문일 것이다. 함께 얻을 수 있는 것이 충분하지 않기 때문에 다른 여자들이 자신의 것을 훔쳐갈까 봐 두려워하는 경향을 보이게 된다.

미경 씨는 어렵게 들어온 회사에서 멋진 커리어 우먼이 되겠다는 꿈을 꿨지만 이 꿈은 악몽으로 변했다. 다른 여직원들의 따돌림은 집요하고 은밀했다. 유독 소심한 성격의 그녀가 더욱 공격하기 쉬운 먹잇감이었는지도 모른다. 그녀를 둘러싼 소문은 여직원들 사이에서만 유통되고 있었기 때문에 항변조차 하기 어려웠다. 동료들 가운데 미경 씨를 불쌍하게 여기고 도와주려는 사람도 있었지만 이것이 무리에 대한 배신으로 간주돼 본인까지 따돌림을 당할까 봐 누구도 선뜻 나서지 못했다. 시간이 지날수록 미경 씨는 서서히 무너졌다.

매일 우울감과 무기력감을 느껴야 했고 이미 마음속으로 사표를 낸 것이나 다름없는 상태에 이르렀다. 그녀는 의욕을 상실했고 다른 사람들이 눈치 채지 못하도록 반드시 해야 할 일만 수동적으로 처리했다. 이것은 회사는 물론 자신에게도 해가 됐다. 자신의 잠재된 능력을 활용하지 못하게 되니 회사는 미경 씨를 점점 무능한 인물로 여기게 된 것이다.

초대 받지 못한 열세 번째 요정이었던 미경 씨는 이런 따돌림에 어떻게 대처해야 했을까. 동화 속 요정은 분노하고 화를 내면서 주변 사람들에게 공격적으로 행동했다. 하지만 요정의 저주는 유효 기간이 100년뿐이었고 시간이 지나자 저주는 풀렸으며 오히려 저주 덕분에 공주는 용감한 왕자를 만나 행복한 결혼을 할 수 있었다. 복수가 오히려 가해자를 더 이롭게 한 것이다.

아쉽게도 미경 씨가 선택할 수 있는 카드는 많지 않았다. 상사에게 보고한다고 해결될 수 있는 일이 아니었다. 따돌림의 원인이 된 아름다운 외모를 포기한다고 사라지는 것도 아니었다. 그녀의 용모가 촌스러워지면 뒤에서 더 신 나게 흉을 보았을 것이다.

그녀가 이 상황에서 선택할 수 있는 카드는 '성 점령하기' 전략이다. 성을 점령하기 위해서는 먼저 성곽 아래에 있는 장애물을 처리하고 성곽에 접근해야 한다. 사실 자신을 따돌리는 무리 속 개인을 하나하나 살펴보면 동정심과 모성애를 가진 평범한 여자들일 뿐이다. 이럴 때는 전체를 대상으로 싸우기보다 한 명, 한 명을 개별적이고 구체적으로 공략해 장애물을 제거해야 한다.

너는 너이기 때문에 특별하단다. 특별함에는 어떤 자격도 필요 없으며 너라

는 이유 하나만으로 충분하단다.　　　　　　　　　　—맥스 루케이도Max Lucado

여우같은 기민함으로
전세 역전을 꾀하라

보통 동화에서는 저주를 내린 마녀나 요정이 그 대가를 치르거나 보복을 당하게 되는데 열세 번째 요정은 전혀 해를 입지 않는다. 동화는 암시한다. 소외당한 사람의 분노가 얼마나 큰 것인지를. 열세 번째 요정은 복수를 위해 자신이 가장 가고 싶지 않았던 곳으로 간다. 미경 씨도 무리의 한복판으로 용기 있게 나서야 한다.

어떤 식으로든 무리 속 인물과의 연결 고리를 만들고 개별적으로 개인적 친분을 쌓도록 노력해야 한다. 다른 사람들의 시선이 신경 쓰인다면 회사 밖에서 접촉을 시도해도 좋다. 적어도 알고 있는 사람 중 세 사람 정도를 거치면 분명 연결될 만한 사람이 있을 것이다.

그녀들에게 자신이 따돌림 당하고 있는 상황을 하소연해서는 안 된다. 친분이 쌓이지 않은 상태에서의 호소는 오히려 그녀들의 마음을 닫게 만들고 왜곡된 소문을 확대하는 계기를 제공할 수 있다. 최대한 무리에 있는 여자들과의 공통점을 부각시키고 생각보다 도도하지 않은 수더분한 성격이라는 인상을 줘야 한다.

힘들겠지만 감정을 최대한 자제하고 웃음을 띠며 다가가자. 여자는 화를 감추는 데에도 능숙하지 않은가. 바로 이 점을 활용하여 다가

가는 게 중요하다. 단번에 효과를 볼 수는 없지만 가랑비에 옷 젖듯이 서서히 친밀감이 형성되면 분위기는 역전될 수 있다. 잔인한 이야기지만 언제나 새로운 따돌림의 표적은 나타나기 때문이다.

따돌림과의 전쟁은 무리들과의 전쟁만이 아니다. 이는 때로 자기 자신과의 싸움이 되기도 한다. 우울과 무기력은 자신과의 싸움에서 최대의 적이다. 이것들은 상황을 언제나 비관적으로 보게 만들고 끊임없이 관계를 포기하고 싶게 만든다. 진짜 적은 무리가 아닌 자기 내부의 우울과 무기력이다. 무엇보다 자기 자신을 사랑하자. 언젠가는 이 힘든 시기를 뒤돌아보고 잘 극복한 자신을 축하할 수 있는 날이 올 것이다. 희망을 버리지 않는 것이 중요하다.

맛있는 식탁 위의
결혼

🍃 공유

남아메리카 한 인디언 부족은 아내가 남편과의 결혼 생활을 끝내고 싶을 때 음식 만드는 일을 그만
둔다. 반대로 남편이 결혼 생활을 끝내고 싶을 때는 아내가 만든 음식을 거부한다. 음식은 인간의 심
리를 반영하고 식사 시간은 단순히 음식을 섭취하는 시간만이 아니다. 정서와 문화를 공유하는 시
간인 식사 시간이 즐겁지 않으면 부부도 행복할 수 없다.

지난겨울, 나는 아내와 아이를 데리고 오랜
만에 유럽을 방문했다. 독일 여행을 마치고 프랑스 파리로 건너가 며
칠 머물면서 지인의 소개로 노트르담 사원 근처 음식점에서 식사를
하게 됐다. 그곳은 '미슐랭 가이드'에도 소개된 유명한 음식점이어서
예약을 하지 않으면 가기 힘든 곳이었지만 지인이 미리 예약을 해서
갈 수 있었다.

우리가 그날 방문한 유일한 동양인 손님이어서 그랬던 건지는 모
르겠지만 요리를 내올 때마다 웨이터는 그 요리의 숨은 의미와 이야
기를 친절하게 상세하게 들려줬다. 프랑스 요리의 맛이 익숙하진 않

왔지만 여러 음식 이야기를 들었던 그 시간은 유럽 여행 기간 중 가장 기억에 남는 순간이다. 식사의 시작부터 끝까지 마치 공연을 보는 것 같은 기분이었다.

음식은 개인의 정체성과 사회·문화적 상황을 보여 준다고 한다. 작은 접시 위의 요리는 단순히 식재료의 나열로만 보일 수도 있지만 만든 사람의 취향과 개성, 넓게는 그 나라의 문화와 역사까지 고스란히 반영한다. 어떤 사회심리학자는 식료품 구매 목록만으로 개인의 성격이나 사회적 위치를 알아낼 수 있다고 주장하기도 했다.

음식은 인간의 심리 상태를 반영하기도 한다. 생활 여건이 어려운 사람들은 즉각적인 자극을 주는 음식에 빠져든다. 삶이 지겹고 행복하지 않다고 느끼는 사람들은 달거나 매운 음식을 선호한다. 스트레스를 받을수록 자극적인 음식을 통해 즉각적인 만족을 얻으려고 하기 때문이다. 교육 수준이 낮은 빈곤층일수록 단것, 짠 것, 매운 것에 대한 유혹에 약하며 부유층일수록 이런 음식에 대한 유혹에 강하다는 연구 결과도 나와 있다.

심리 상태는 음식의 종류뿐 아니라 식습관에도 영향을 준다. 식습관에 가장 많은 영향을 주는 심리적 요인은 불안이다. 어학연수나 유학 등 갑자기 환경이 바뀌는 경험을 하면 유독 음식에 집착하는 사람이 있다. 마음에 안정감이 없고 불안해서 어디든 채우려는 욕구가 식욕으로 발현돼 먹어도 먹어도 만족스럽지 않은 상태가 되는 것이다. 연인과 헤어졌을 때 폭식을 하는 것도 그와 비슷한 현상이다. 반대로 애인이 생기거나 별다른 불만 없는 만족스런 상황에 처하면 먹지 않아도 배가 부르거나 먹는 것에 대한 집착이 줄기도 한다.

이렇게 음식은 단지 배를 채우기 위한 수단만이 아니다. 음식을 통해 사람들은 자신의 기분과 감정, 심리 상태를 드러내고 반대로 상대방의 상태를 알아채기도 한다. 우리나라에서는 '밥 먹었니?', '식사하셨어요?'라는 말을 인사 대신 건네기도 한다. 또 "우리 식사 한번 해요."라는 말은 단순히 음식을 먹자는 의미뿐만 아니라 교제와 사귐의 시간을 갖자는 뜻을 내포한다. 함께 음식을 먹으면서 대화하고 서로에게 마음을 여는 시간을 함께 하자는 것이다.

함께 음식을 먹다보면 좀 더 친밀감을 느끼고 안정적인 마음으로 상대를 바라볼 수 있게 된다. 남녀는 자주 식사를 할수록 호감이 깊어지고 사랑이 커진다. 반면 데이트를 하는데 남자가 여자를 싼 분식집에만 데려간다면 여자는 '남자가 이 음식을 좋아하나?'라고만 생각하지는 않을 것이다. 이 남자가 나에게 호감이 없다는 생각까지 할 가능성이 높다. 이렇게 음식은 언어로 표현할 수 없는 심리 상태를 표현하기도 한다.

'먹는다는 것'은
살아간다는 것

프랑스 문화부는 프랑스 문화의 3대 상징물로 루브르박물관과 프랑스 요리, 그리고 카페를 꼽았다. 놀랍게도 이 목록에는 베르사유 궁전이나 개선문 같은 프랑스를 대표하는 작품들이 빠져 있다. 그만큼 프랑스 문화에서 '먹는다는 것'은 중요한 의미를 갖는다는 의미다.

파리의 음식점에서 프랑스 요리를 먹는 데 총 2시간 30분이 걸렸다. 애피타이저부터 메인 요리, 디저트까지 나오는 데 이렇게나 오랜 시간이 걸린 것이다. 만약 요리에만 관심을 두고 다음에 나올 요리만을 목 빠지게 기다렸다면 이 시간은 꽤나 길게 느껴졌을 것이다. 하지만 식탁 위에는 대화가 있고 문화가 있고 서로를 이해하는 소통의 과정이 있었다. 저마다의 이야기로 채워진 테이블 가득한 식당에서는 누구도 다음 음식을 재촉하지 않는다. 그 시간 자체가 귀한 소통의 장이기 때문이다.

특별한 음식만이 이런 소통을 가능하게 하는 것은 아니다. 어떤 음식이 앞에 있든 사랑하는 사람과 마주 앉아 맛있는 음식을 먹으며 서로의 내면에 귀를 기울인다면 프랑스 요리가 아니라도 의미 있는 시간을 보낼 수 있다.

독일의 일부 가정에서는 아침 식사 시간에 반드시 정장을 하고 식탁에 앉는다고 한다. 종종 초를 켜고 빵에 버터를 바르고 소시지를 먹는다. 단순히 먹는 것만을 위한 자리가 아니기 때문에 서로 예의를 갖추고 분위기를 만들면서 즐거운 소통의 장을 만들어 나가는 것이다.

즐거운 대화가 없는 식사 시간은 인간에게 큰 고통을 준다. 많은 기혼 여성들이 결혼 생활의 어려움을 호소하고 외로움을 토로하지만 힘든 이유에 대해서는 자각하지 못한 채 그저 결혼 생활이 힘들다는 고백만 반복하곤 한다. 이들이 가진 진짜 문제는 식탁 위에 있다. 맛있는 음식을 나눠 먹으면서 즐거운 마음으로 대화를 하는 사소하고 소박한 바로 그 시간이 없는 것이다.

즐거운 식사는 즐거운 섹스와도 유사한 의미를 갖는다. 동서양을 막론하고 많은 문화권에서 식사와 섹스는 동의어로 사용된다. 남자들은 여자들을 '뜨거운 토마토', '양고기 조각', '꿀단지'라고 불렀고 남자가 여성과 성관계를 가졌다는 것을 말할 때 속어로 "그녀를 먹는다I eat her."고도 한다. 부부 생활에 있어 육체적인 관계를 행복하게 지속적으로 행한다는 것은 굉장히 중요한 것이다.

남아메리카 한 인디언 부족은 아내가 남편에게 결혼을 끝내자고 요구하거나 남편 곁을 떠날 생각이 있다는 사실을 암시하고 싶으면 남편을 위해 음식 만드는 일을 그만둔다. 반대로 남편이 결혼 생활을 끝내고 싶을 때는 아내가 만든 음식을 거부함으로써 이혼 의사를 밝힌다.

또 아프리카 카구루족의 경우, 남편이 아내가 죽기를 바라면 아내의 눈앞에서 냄비를 박살내서 강하게 의사표현을 한다. 아내에게 가장 깊은 상처를 남기는 것은 아내의 공간인 주방과 식탁에서 소리를 지르거나 아내를 향해 물건을 집어 던지는 행위다.

우리의 풍경도 크게 다르지 않다. 아내가 바쁘다는 핑계로 남편을 위해 직접 음식을 만들지 않고 배달 음식이나 즉석 식품만으로 때운다면 남편에게서 마음이 떠났다는 것을 무의식적으로 암시하는 것인지도 모른다. 남편 역시 매일 늦게 귀가하면서 밖에서 저녁을 해결하고 들어와 아내의 음식을 거부한다면 정서적으로 아내를 거부하는 것일 수 있다. 함께 밥을 먹는다는 것은 부부에게는 결혼 생활의 마지노선이다.

부부가 식사 시간에도 서로 싸운다면 이미 두 사람의 관계가 완전히 무너진 것일 수 있다. 식사 시간은 단지 음식물을 섭취하는 시간이 아닌 부부의 정서와 문화를 향유하는 시간이기에 이곳이 무너지면 더 이상 버틸 힘을 잃는다.

즐거운 식사가 없다면
행복한 부부도 없다

'식구'라는 말의 사전적 의미는 '한집에서 함께 살면서 끼니를 같이하는 사람'이다. 우리는 때로 식구를 소개할 때 '같이 한솥밥 먹는 사이'라고 표현하기도 한다. 혈연관계나 제도적 의미에서의 한 집단이기 이전에 한 끼의 식사를 나누는 사람이라는 의미가 담긴 식구라는 말에서 우리 선조들도 '같이 먹는다'는 행위의 중요성을 누구보다 잘 알았다는 것을 알 수 있다.

먹는다는 것은 어쩌면 섹스의 쾌락보다, 배설의 욕구보다, 번식의 본능보다 더 큰 욕망일지도 모른다. 하지만 누군가와 함께 그 음식을 나눠 먹고 그 즐거움을 공유하는 것은 단순히 배가 고파서 음식을 채워 넣는 것 이상의 기쁨이다.

결혼 생활의 성패는 식탁 위의 풍경에 달려 있다고 해도 과언이 아니다. 앞서 소개한 인디언 부족이나 아프리카 부족이 결혼 파기 의사를 음식에 빗대어 상징적으로 표현했듯이 먹는다는 것은 생존을 함께 해나가는 것이며 일생의 남은 시간을 굳건하게 이어 나간다는 뜻이다.

요즘은 맞벌이를 하느라 집에서 함께 저녁을 먹을 기회가 거의 없는 부부들이 많다. 일에 쫓겨서, 고단한 피로감 때문에, 어쩔 수 없이 벌어지는 일이지만 그럴수록 의식적으로 함께 식사하는 시간을 마련하는 것이 좋다. 처음에는 상황 때문에 식탁에 마주 앉는 시간이 뜸해지지만 그것이 반복될수록 자신도 모르는 사이에 부부가 함께 나눌 만한 감정이 무뎌지거나 사라지게 된다. 함께 식탁에 앉는 일이 뜸해진다는 것은 그만큼 대화의 시간도 줄어든다는 것이다. 또 식탁에 앉는 일이 부자연스러워진다는 것은 감정의 골이 깊어진다는 의미이기도 하다. 의도하지 않았지만 자연스레 관계의 거리가 점점 멀어진다.

부부 관계는 어느 한쪽의 무관심이나 무신경에 의해서만 흔들리는 것이 아니다. 서로의 상황이나 감정을 끊임없이 이해하고 인정해야 처음 사랑을 맹세했던 그 순간의 다짐을 견고하게 할 수 있다. 함께 밥을 먹는 행위도 마찬가지다. 바쁘고 귀찮아서 식사를 밖에서 때우거나 대충 해결하고 집에 돌아온다면 그렇잖아도 피곤한 일상에서 잠깐의 대화 시간마저 확보하기 어려울 것이다. 그리고 어느 순간 갈등의 상황이 도래했을 때 부부는 서로에게 비난의 화살을 들이대다가 '당신이 언제 내 마음을 이해하려고나 했느냐?'는 공허한 비난만을 하게 될 뿐이다. 돌이켜보면 그들은 서로 얼굴을 마주보며 밥을 먹고 대화를 하려고 한 적이 없었다는 것을 깨닫게 될 것이다.

부부에게 식사는 섹스처럼 중요한 의미를 갖는다. 서로의 몸을 거부했을 때 마음에도 상처가 남듯이 식탁에서 이루어지는 모든 것 혹은 식탁의 시간을 거부했을 때, 서로의 마음에도 생채기가 난다.

활기차고 기쁨이 넘치는 식탁에는 행복이 머물고, 배려와 대화가 있는 식탁에는 사랑이 꽃핀다. 자신의 결혼 생활이 불행하다고 느낀다면 더 늦기 전에 오늘 저녁 식탁 위의 풍경부터 되돌아봐야 할 것이다.

칼로
물 베는 기술

🌿 싸움

회피하거나 덮어 둔 문제는 시간이 간다고 해결되지 않고 오히려 시간이 갈수록 더 깊어진다. 그래서 부부 싸움은 문제를 해결하는 좋은 방법일 수 있다. 자신의 생각과 입장, 기분을 전달할 수 있는 기회이면서 상대의 생각도 알 수 있는 기회이기 때문이다. 물론 싸우는 것 그 자체보다 어떻게 싸우느냐가 중요하다.

결혼 2년차인 미경 씨는 최근 대학 동창들과 여행을 다녀왔다. 각자 결혼한 이후 처음으로 시간을 내 떠난 여행이었다. 친구들과 오랜만에 함께 계획을 짜고 일정을 이야기하면서 떠난 여행은 무척 즐거웠다. 그런데 들뜬 시간들이 지나고 어느덧 여행의 막바지에 접어들자 미경 씨는 걱정이 밀려들기 시작했다. 친구들과 각자 성격이 맞지 않는 남편과 결혼 생활을 해나가는 힘겨운 이야기를 나누면서 작은 위로를 받았지만 이제 곧 다시 남편과 마주해야 하는 일상으로 복귀해야 한다는 생각에 가슴이 답답해진 것이다.

미경 씨는 회사 일로 정신없는 하루를 보낸다. 한숨 돌릴 틈도 없이 일을 마치고 지친 몸으로 집에 돌아오면 집안일이 잔뜩 쌓여 있다. 살림을 정리하고 나면 겨우 TV 앞에 앉아 채널을 돌리다가 잠이 드는, 아무런 기쁨도 행복도 없는 반복적인 생활이 이어지고 있다. 남편과는 2년의 연애 끝에 결혼했지만 어쩐지 결혼 전보다 더 낯선 느낌이다. 연애 시절에는 발견할 수 없었던 모습을 보게 돼서 일까. 그녀는 남편과 점점 멀어지는 기분이었고 아무런 낙이 없는 결혼 생활에 서서히 지쳐 가고 있었다.

나의 뜨거운 마음을,
너의 차가운 심장을

최근 이혼율이 급증하면서 부부·가족 상담이 호황기를 맞고 있다. 특히 미국이나 유럽에서는 부부 상담을 한 번도 안 받아 본 부부가 없을 정도다. 클린턴 부부도 르윈스키 스캔들로 결혼 생활에 위기를 맞았을 때 부부 상담 덕분에 이혼하지 않을 수 있었다고 고백하기도 했다. 현대 여성들의 일과 사랑을 다룬 〈앨리 맥빌〉이나 〈섹스 앤 더 시티〉 같은 미국드라마에도 늘 상담소가 등장하고, 주인공들은 일상적으로 그곳을 드나든다. 에리히 프롬의 『사랑의 기술』은 출간된 지 수년이 지났지만 여전히 전 세계 독자들의 사랑을 꾸준히 받고 있다. 이는 사랑과 결혼, 그리고 이혼에 대한 사람들의 관심이 세월이 흘러도 변치 않는다는 반증이면서 시대가 지나도 쉽게 풀기 어려운 문제라는 의미일 것이다.

부부 문제를 해결하는 방식에는 남녀 간의 온도 차이가 있다. 한 조사에서 부부에게 이혼에 대한 생각을 묻자 남편들은 실패, 좌절, 절망 같은 부정적인 이미지를 떠올린 데 반해 아내들은 용기, 결단, 새 출발, 희망 같은 긍정적인 단어들을 떠올렸다고 한다. 또 다른 조사에서는 로또에 당첨되면 제일 먼저 하고 싶은 것이 무엇이냐고 묻자 많은 여성들이 '이혼'이라고 답하기도 했다.

하지만 이혼은 부부 문제를 해결하는 데 있어 가장 마지막에 선택해야 하는 카드다. 이혼한 부부 가운데 약 70퍼센트가 이혼할 필요가 없는데도 이혼한 경우라고 한다. 이혼은 부부 갈등을 가장 확실하고 명확하게 해결하는 수단일 수 있지만 그것이 최선일 수는 없다. 이혼을 하지 않고도 문제를 해결할 수 있는 방법을 찾는다면 극단적인 결정을 하지 않아도 될 것이다.

싸운다는 것은
아직 건강하다는 것

최근 희경 씨는 남편과 3개월 이상 아무런 대화 없이 지내고 있다. 어쩔 수 없이 말을 해야 하는 경우, 두 사람은 메일을 주고받는다. 3년 전 주변 사람들의 축복 속에서 결혼할 때까지만 해도 자신들의 결혼 생활이 이렇게 될 줄은 전혀 예상하지 못했다.

희경 씨 부부가 이렇게 된 데에는 별다른 이유가 없었다. 함께 살면서 서로 다른 성격이 충돌할 때 오해가 생겼고, 그 사소한 오해들을 바로 해결하지 못하고 쌓아 두었다가 어느 순간에는 그 일을 들추는 것이 구차하게 느껴졌다. 문제를 바로 해결하지 못하고 덮어만 두면서 두 사람 사이의 거리는 점점 더 멀어져 갔다. 관계 회복 의지를 잃어버린 두 사람은 서서히 서로에 대한 관심을 거두게 됐고 서로를 투명인간 취급하기 시작했다.

부부 싸움은 어느 한쪽이 나쁜 사람이어서 생기는 것이 아니다. 부부 싸움은 대부분 소통 방식의 차이에서 오는 작은 오해 때문에 시작된다. 가령 남자가 운전을 하고 여자가 조수석에 타고 가는 경우, 남자가 과속을 하거나 무리하게 끼어들기를 해서 위험한 상황이 발생했을 때 여자는 함께 있는 자신에 대한 배려가 부족한 것 같은 느낌에 기분이 상한다. 남자는 그저 목적지에 빨리 도달하려고 했던 것뿐이지만 여자는 이를 배려심이 부족한 행동으로 받아들이는 것이다. 이때 여자가 내가 곁에 있는데 어떻게 그렇게 거칠고 위험하게 운전할 수 있냐고 시비라도 걸기 시작하면 여지없이 싸움은 시작된다.

단순한 사건을 주관적으로 받아들이기 시작하면 사소한 일상도 전쟁이 된다. 심지어 남자에게는 애정 표현에 해당하는 행동이나 습관이, 여자에게는 기분이 상하거나 상처받는 행동이 되는 경우도 있다. 부부 싸움은 이렇게 사랑이 부족해서가 아니라 서로에 대한 오해와 미숙한 대처 방식에서 시작된다.

상대의 실수에 과민하게 반응하고 분노와 실망감을 쉬이 드러내는 것은 속이 좁고 관대하지 못해서가 아니다. 그동안 받은 상처가 해소되지 못한 것일 뿐이다. 상처가 아직 치유되지 않았는데 같은 상처를 받으면 당연히 더 아프다. 그래서 문제가 해결되지 않은 관계는 시간이 지날수록 작고 사소한 일에도 예민하게 반응하게 된다. 그렇기 때문에 문제를 회피하고 덮어 두는 것보다는 싸움을 하는 것이 부부 관계에 긍정적인 영향을 준다. 싸우는 게 두려워서 희경 씨 부부처럼 갈등을 회피하면 나중에는 무엇을 어떻게 해결해야 할지조차 알 수 없는 상태가 될 수 있다.

부부 싸움은 문제를 해결하는 다소 거친 방식이지만 훌륭한 소통의 도구다. 상대에게 자신의 입장과 의견, 기분 등을 전달할 수 있는 최상의 기회이자, 상대의 마음을 읽어낼 수 있는 기회이기도 하다. 태풍은 현대사회에 커다란 피해를 입히기도 하지만 생태계를 정화시키는 등 가져다주는 이익 역시 적지 않다.

부부 싸움 역시 부부에게 닥친 태풍이다. 이 태풍을 얼마나 잘 대비하고 관리하느냐에 따라 관계는 파괴되기도, 복구되기도, 나아지기도 한다. 서로에게 치유하기 힘든 상처를 입히느냐, 다친 마음을 회복하는 에너지를 얻느냐는 전적으로 부부 싸움에 임하는 자세에 달린 것이다. 물론 부부 싸움은 태풍을 극복하는 것처럼 힘겹고 두려운 일이다. 태풍을 대비하듯 완벽하게 준비한다고 해서 자연스럽게 극복되는 것도 아니기 때문이다.

오래 묵힌 상처는 흉터를 남긴다

부부 사이에 문제가 생기면 서로의 눈치를 살피며 자존심 싸움을 하기보다는 즉시 해결하는 것이 좋다. 화해가 늦어지면 그만큼 회복을 위한 시간과 노력이 더 많이 필요하다. 또 관계 회복을 위해서는 자신의 실수나 잘못을 먼저 인정하는 것부터 시작해야 한다. 서로의 잘잘못을 따지는 데 집중하다 보면 상대를 비난하는 것에 급급하게 되고 싸움은 돌이킬 수 없는 방향으로 흘러간다. 자신의 상처에만 집중하면 상대의 목소리가 잘 들리지 않는 것이다.

'싸운다'는 것은 아직 문제 해결의 의지가 있다는 것을 뜻하지만 이 싸움이 보다 생산적인 갈등 해결의 기회가 되려면 상대의 입장에서 생각하는 자세를 가져야 한다. 자기의 실수를 인정하지 않고 상대방을 비난하고 싸움의 책임을 전가하는 방식으로 아마 한두 번은 넘어갈 수 있을 것이다. 하지만 당한 쪽은 자신의 생각과 입장이 무시당하고 있다는 생각을 하다가 언젠가 반드시 불만을 표시한다. 직접적으로 불만을 표시해서 문제를 해결할 수 없다고 느껴지면 아프다고 드러눕거나 자녀들과 편을 짜서 묘하게 따돌리는 방식으로 그간의 불만을 표현하기도 한다.

한쪽이 일방적으로 참거나 이해해야 하는 관계는 오래갈 수 없다. 자신의 상처를 드러내고 표현하는 것이 중요한 만큼 상대의 상처 또한 받아들이고 인정하는 자세가 필요하다. 그래서 서로 한 발짝씩 물러나 사태를 객관적으로 바라보고 화해의 말을 먼저 건네는 것은 무척 중요하다. 이때 화해의 말은 진실해야 한다.

"내가 설마 당신에게 상처 주려고 했겠어?"

이 말은 화해가 아닌 화해를 가장한 공격으로, 자신의 진심을 이해하지 못하는 상대를 교묘하게 비난하는 것에 지나지 않는다.

"맞아, 여보. 그게 당신에게 상처가 됐구나!"

'맞아.' 라는 말은 화해를 시도할 때 상대방의 마음을 움직이는 마법의 말이다. 이 말은 상대의 마음에 공감했다는 뜻이며 상대의 입장에서 생각했다는 것을 의미하기 때문이다.

두 번째로 중요한 화해의 언어는 용서를 구하는 것이다. 어떤 사람들은 "미안해."라는 말을 절대 내뱉지 못한다. 미안하다고 말하면 자기가 진다고 생각하기 때문이다. 그러나 여기서 미안하다는 말은 패배가 아니라 갈등 상황에서 벌어졌을 자신의 실수에 대한 인정이다. 패배로 여기는 것과 실수를 인정하는 것은 엄연히 다르다. 이를 패배로 받아들이는 사람은 나 존재 자체에 대한 부정적인 느낌을 받고 자존심이 상한다. 하지만 이것은 단지 특정 사건에 대한 실수를 인정하는 것이다. 사과를 패배로 받아들인다면 사과를 하기도 어렵고 오히려 마음에 묵은 감정만 쌓이게 될 가능성이 높다.

나는 아내에게 실수할 때마다 미안하다는 말을 자주 하는 편이다. 사과하는 것에 지나친 의미 부여를 하지 않기 때문이다. 때론 너무 자주 미안하다는 말을 내뱉는 게 아닌가 싶을 때도 있지만 이 말은 놀랍게도 매번 효과적으로 작용한다. '미안해.'라는 말 한마디로 아내의 마음은 매번 눈 녹듯 녹는다.

화해할 때 세 번째로 중요한 것은 구체적인 행동을 하는 것이다. 상대에게 단지 말로만 용서를 구할 것이 아니라 앞으로의 구체적인 행동을 제시해 변화된 모습을 보여 줘야 한다. 구체적인 행동이 없는 사과는 오히려 역효과를 부른다. 습관적으로 내던지는 말 뿐인 사과는 그저 상황을 회피하기 위한 핑계로 여겨지기 십상이다. 이런 사과는 안 하는 것만 못하다.

여자는 자신의 감정을 파악하는 데 민감하고 이를 잘 표현할 수 있다. 반면 남자는 자신의 욕구와 감정을 제대로 알지 못하고 표현하는 데 어려움을 겪는다. 자기감정도 읽지 못하는 남자가 여자의 감정을 민감하게 알아채고 반응하기란 쉬운 일이 아니다. 여자는 남자에게 공감과 배려를 주고받는 따뜻한 관계를 바라는데 이를 제대로 알 리 없는 남자는 막다른 골목에서 갈 길을 찾지 못하고 헤맨다. 이런 남녀의 차이를 너그러운 마음으로 이해하는 자세도 중요하다. '저 사람은 도대체 왜 그럴까?'라는 물음이 그저 자조적인 탄식에 그치지 않고 상대를 진심으로 이해하려는 의도를 갖는다면 그 답은 쉽게 찾을 수 있다.

부부간에 발생하는 수많은 오해와 긴장, 갈등은 한 사람의 잘못이나 실수로 생기는 것이 아니다. 그렇기 때문에 부부 문제는 두 사람 모두에게 달렸음을 알고 지나치게 상대에게 의존하거나, 혼자서 모든 일을 책임지게 해서는 안 된다. 항상 상대가 나를 한 번 더 봐 주고, 나의 감정을 배려해 주기만을 바란다면 나의 행복은 온전히 상대에게 달리게 된다. 그렇게 행복을 얻는다고 해도 그것은 내가 주체적으로 획득하는 것이 아닌 상대의 노력만으로 얻어진 것이기 때문에 행복을 유지하는 힘 또한 약해진다. 행복을 상대방에게 의존하다 보면 언제나 자신은 그 순간이 오기만을 기다리게 된다. 그래서 행복하지 않은 원인을 상대에게만 돌리게 된다.

행복한 부부는 행복의 책임을 상대에게 전가하지 않고 스스로 긍정의 선택을 하는 부부다. 또 상대를 너그럽게 용서하고 늦지 않게 화해를 시도하며 상대가 설 자리를 주는 넉넉함을 가지는 부부다. 포용한다는 것은 상대방의 말에 귀를 기울이고 상대의 입장에서 공감하는 것이다. 나의 입장만이 아닌 상대의 입장에서 서로 눈을 마주 보고 느끼는 것, 그것이 진정 행복한 부부의 모습이 아닐까.

마음을 다스리는
두 가지 원칙

🍂 화해

마음의 상처를 다독이고 치유할 수 있는 방법은 바로 상처와 화해하는 것이다. 그리고 내 안에서 용서하지 못한 아픔과 화해하는 것은 나에게 상처를 준 가까운 가족과 친구, 동료에게 먼저 손을 내밀고 서로의 상처를 인정하는 것에서 시작된다.

일에 치이는 남편과 일상에 치이는 아내. 형식적인 말 몇 마디가 아닌 속 깊은 대화를 나눈 지도 오래다. 아침에 눈 떠 남편은 출근을 하고 밤늦게 들어온다. 아내는 해도 끝이 없는 가사 일과 아이들 뒷바라지, 하루 종일 식사 준비를 하다 보면 하루가 다 간다. 때로는 이게 부부인가 하는 생각이 들기도 한다. 이렇게 살려고 결혼한 게 아닌데, 함께 행복해지고 싶어 결혼한 건데 매일 무미건조한 하루하루가 이어진다.

참다못한 아내는 식사를 하던 중에 남편에게 자신에게도 관심을 가져 달라고 애교 섞인 목소리로 말했다. 남편도 비슷한 마음이겠지 하는 생각에 공감과 이해를 바라며 용기를 내어 말을 꺼낸 아내에게 돌아온 대답은 충격이었다.

"옛날 독립군의 부인들은 어땠겠어? 다 참고 잘 살았어. 당신은 그것에 비하면 아무것도 아니잖아?"

아내는 억장이 무너지는 것 같은 절망을 느꼈다. 일상의 고단함은 과거 독립투사의 그것과 비할 바가 아니겠지만 전쟁같은 생활을 버티기 위해서는 그 비슷한 강한 의지가 필요한 것도 사실이다. 아내가 항변한다.

"그럼, 나는 언제나 비장한 각오를 하고 살아야 해? 이럴 거면 결혼은 왜 했어? 차라리 혼자서 살지."

아내는 남편의 무관심과 냉담함에 큰 상처를 입었다. 그리고 남편의 말을 듣고 자리를 박차고 나가면서 자신의 상처를 표현했다. 집 안에는 급격하게 냉기가 흘렀다. 이때 남편이 아내가 있는 방으로 들어가 웃으면서 읍소 작전을 펼친다.

"여보, 내가 미쳤지~ 그냥 웃자고 한 말인데 당신 마음을 상하게 한 것 같아. 미안해. 마음 풀어."

우리는 가족 안에서 수많은 갈등과 아픔을 경험한다. 애교 섞인 미소를 보내다가도 순간 기분이 상하고 화가 나서 서로가 죽도록 미워지기도 한다. 그러나 이러한 다툼이 일어났다는 것보다 어떻게 화해할 것인지를 고민하는 것이 더 중요하다.

남편이 좀 더 아내를 배려하고 따뜻하게 관심을 기울였다면 상처 주는 발언을 하진 않았을 것이다. 그러나 남편의 무심함이 아내에게는 상처가 됐고 그런 아내를 달래느라 남편은 뒤늦게 진땀을 빼야 했다.

부부간에 생긴 갈등을 해결하기 위해서는 서로의 입장을 공감하고 이해하는 것부터 시작해야 한다. "왜 저러지?" "뭐가 문제야!"라는 팽팽한 신경전이 아닌 역지사지의 마음으로 서로의 마음을 공감하는 것이 최우선인 것이다.

공감,
화해의 시작

한 가족이 아들 문제로 상담소를 찾았다. 중학교에 들어간 아들은 학교에서 많은 문제를 일으켰고 그 정도가 너무 심해 정상적인 학교생활을 유지하기 어려운 처지에 놓였다. 놀란 부모는 수심이 가득한 얼굴로 아이를 데리고 왔다.

가족들과 이야기를 나눠 보니 이 부부가 6년째 별거 중이라는 사실을 알게 됐다. 1년에 겨우 한 번 만날 정도로 거의 왕래가 없었다. 별거를 시작할 때 아들이 막 초등학교에 입학했는데 지금은 벌써 중학

좋은 결혼 생활은 개인의 변화와 성장, 사랑을 표현하는 방식에 있어

서의 변화와 성장을 가능하게 해 준다.

— 펄 벅Pearl Sydenstricker Buck

생이 됐다. 아빠는 아이가 이렇게까지 망가져 버린 것에 대해 큰 죄책 감을 느끼고 있었다. 그에게 아들의 소식을 듣고 많이 놀라지 않았냐고 묻자 아버지는 그 자리에서 갑자기 흐느껴 울기 시작했다.

6년 동안 별거 생활을 하면서 아내와 아이를 단 6번밖에 보지 않았던 그가 이토록 복받치게 눈물을 쏟을 줄은 몰랐다. 그의 눈물을 지켜보던 아내와 아이는 충격을 받은 듯했다. 아버지가, 남편이 자신들을 잊은 지 오래인 줄 알았는데 가족에 대한 미안함과 죄책감으로 흐느껴 우는 모습을 보고 놀란 것이다. 그 순간 서로 내색하지 않아 알 수 없었던 가족 간의 정이 조금씩 느껴지기 시작했다.

지난 6년간, 아빠로서 남편으로서 아무런 역할도 하지 못했지만 여전히 가족을 사랑하는 그의 모습을 보면서 어떠한 가족에도 사랑은 존재하고 아무리 심한 갈등도 화해할 방법은 있다는 생각이 들었다.

마음의 상처를 다독이고 치유할 수 있는 방법은 바로 상처와 화해하는 것이다. 그리고 내 안에서 용서되지 못한 아픔과 화해하는 것은 나에게 상처를 준 가까운 가족과 친구, 동료에게 먼저 손을 내밀고 서로의 상처를 인정하는 것에서 시작된다.

인정,
평온의 이름

          〈동물농장〉이라는 TV프로그램에서 아주 재미있는 개의 이야기가 소개된 적이 있다. 어느 날 다리가 짧은 작은 개가 동네 진돗개에게 물렸다. 그 개는 자신이 진돗개에게 물린 것에 충격을 받고 이상행동을 하기 시작했다.

    이 개는 집에서 나와 항상 골목 어귀에서 오토바이를 탄 진돗개의 주인을 기다렸다가 공격했는데 이제는 오토바이를 탄 사람만 보면 부들부들 떨면서 무섭게 짖고 공격했다. 증상이 심해지자 주민들의 원성이 끊이지 않았다. 프로그램 제작진은 전문가와 함께 이 개를 변화시키기 위해 진돗개가 있는 울타리에 함께 넣었다. 그러자 다시 두 개 사이에서 신경전과 기싸움이 시작됐다. 하지만 곧 작은 개는 꼬리를 내렸고 싸움에서 졌다.

    그러자 놀라운 변화가 일어났다. 기싸움에서 진 작은 개가 비로소 자신이 힘이 약하다는 사실을 받아들인 것이다. 이후 더 이상 예전처럼 오토바이를 공격하거나 짖고 공격하지 않았고 원래의 온순한 개로 돌아왔다. 태연하게 자기 집으로 돌아와 편하게 낮잠을 자고 노는 평온한 개가 된 것이다.

    사실 이 개가 인정할 수 없었던 것은 진돗개에게 물렸다는 사실

이 아니라 자신에게 힘이 없다는 현실이었다. 그러다가 다시 진돗개와 직면하면서 자기 힘의 한계를 비로소 인정하고 받아들이게 된 것이다.

진짜 불행은 불행 그 자체보다 그것을 받아들이지 않는 것에서 시작된다. 내가 상처받았다는 사실을 부정하지 않고 수용할 때야 비로소 회복이 시작된다. 자신의 약점과 결핍을 모두 받아들일 수 있어야 타인에 대한 깊은 배려와 공감이 생기고 남의 실수와 잘못에 대해서도 관대할 수 있다. 거절당하는 것에 상처받고 아파하기보다는 수용하고 받아들일 때, 그래서 그러한 나를 내가 먼저 받아들여야 비로소 자신의 존재 자체를 부정당했다는 느낌에서 벗어날 수 있다. 누군가로부터 비판을 들었을 때도 마찬가지다. 이것을 나에 대한 모욕이 아닌 특정 일에 대한 비판으로 받아들이면 내상을 입는 일에 조금은 유연하고 의연하게 대처할 수 있게 된다.

얼마 전 타계한 소설가 박완서는 생전에 상당한 아픔을 겪었다. 명문대 의대에 재학 중이던 사랑하는 아들이 자기보다 먼저 세상을 떠난 것이다. 박완서 작가는 이 일로 오랫동안 힘든 시간을 보냈다. 그러다가 어느 날 문득 그런 생각이 들었다고 한다. 세상에 수많은 사람들이 고통스럽고 힘들게 살고 있으니 나에게도 불행은 닥칠 수 있는 것이라고. 그러자 도저히 받아들일 수 없을 것만 같았던 아들의 죽음을 조금씩 받아들일 수 있게 됐다고 한다. 그러면서 더 많은 이들의 아픔에도 공감할 수 있게 됐다. 박완서 작가가 상처와 화해할 수 있었던 출발점은 바로 '받아들임'이었다.

수용한다는 것은 그 대상이 무엇이든 그것을 있는 그대로 받아들인다는 것이다. 현상을 인정하고 그것을 정면으로 바라보면 오랜 상처와 깊은 슬픔도 조금씩 가벼워지는 것을 느낄 수 있다. 남편이 다정다감하지 않고 무뚝뚝하며 자존심만 센 사람이라는 것을 인정하게 되면 이전보다는 남편을 덜 미워하고 더 이해할 수 있다. 어린 시절, 무능하고 무기력한 아버지 때문에 상처받아 용서할 수 없었던 사람도 아버지 역시 나와 같이 나약한 인간이며 똑같은 한계를 지녔던 분이라고 인정하면 용서의 문에 조금 더 가까이 다가갈 수 있다.

있는 그대로 받아들일 때 우리는 비로소 서로의 본모습과 직면하게 된다. 고통에서 벗어나고자 몸부림치는 것보다 고통이 시작됐던 순간으로 돌아가 상대의 입장에서 자신을 바라보기 시작하면 문제 해결의 근원적인 방법을 찾아갈 수 있을 것이다. 행복은 결국 공감과 이해에서 시작되는 것이기 때문이다.

사랑,
그 뻔하지만 위대한 말

🍃 사랑

가족에게서 사랑받지 못한 아이는 결핍감을 느끼고 사랑에 대한 욕구가 잘못된 방향으로 어긋나거나 사랑할 수 있는 능력이 왜곡될 수 있다. 하지만 누구나 사랑받을만한 존재이고 혼자가 아니라는 걸 알게 해 줄 가족이 있다면 어떤 깊은 상처도 치유될 수 있다. 사랑은 모든 문제의 시작이면서 완성이다.

"우리는 원래 고통과 함께 태어나는데 그 고통은 우리가 살아가는 동안 내내 따라다닌다."

존 레논에게 고통은 낯선 것이 아니었다. 그에게 고통이란 어린 시절부터 늘 따라다녔던 삶의 일부였다.

존 레논은 1940년 영국의 항구 도시 리버풀에서 태어났다. 그는 제2차 세계대전의 한 가운데에서 독일군의 공습을 알리는 요란한 사이렌 소리를 들으며 성장했다. 선원이었던 아버지는 늘 밖으로 돌았기에 아버지 얼굴을 보기 어려웠다. 어머니는 남편의 부재 속에서 다른 남자와 사랑에 빠져 임신을 한다.

이혼 소송에서 레논은 엄마를 선택했지만 엄마는 레논을 선택하지 않았다. 엄마에게 버림받은 그는 이모에게 키워졌고 이후 1958년 엄마는 음주 운전을 하던 차에 치여 사망한다. 그렇게 레논은 두 번이나 엄마를 잃어야 했다. 10대가 되면서는 양육자인 이모를 엄마로 봐야 할지 이모로 대해야 할지 혼란스러웠다.

가족들에게서 깊은 상처를 받은 레논은 언제나 깊은 상실감과 고통, 우울증에 시달렸다. 그는 어릴 때부터 겪었던 상처와 고통을 음악을 통해 위로받으려 했고 그의 음악은 상처받고 번민하는 그의 가슴을 보듬어 주었다. 그의 인생은 끊임없는 고통의 연속이었지만 그럴 때마다 그는 음악을 통해 힘을 얻었고 음악적 완성도는 점점 견고해졌다.

〈존 레논-플라스틱 오노 밴드John Lennon-Plastic Ono Band〉는 그의 음악 중에서도 가장 강렬하고 완성도 높은 음반으로 꼽힌다. 이 앨범을 발표하기 전에 그는 '프라이멀 요법Primal therapy'을 통해 상담을 받았다. 프라이멀 요법은 환자가 자신의 억압된 내면으로 들어가 그 고통을 확인하고 고함을 질러 고통을 정화시키는 치료법이다. 레논에게 이 치료법은 기가 막힌 효과를 발휘했고 그는 이 치료의 경험을 자신의 음악에 접목시켰다. 마음 깊은 곳의 울림을 강렬한 음악으로 승화시켜 살아 있는 음악을 완성해 나갔던 것이다.

〈어머니Mother〉, 〈고립Isolation〉, 〈하느님God〉, 〈난 밖에 있네I'm

stepping out〉같은 노래들은 그가 오랜 고통을 치유하는 과정 중에 나온 명곡들이다. 아마도 그의 어린 시절이 그렇게 아프지 않았다면, 그가 사랑에 실패하지 않았다면 이런 명곡은 나오지 못했을지도 모른다.

레논이 어려운 상황 속에서도 계속해서 자신의 상처를 치유하면서 음악성을 완성해 나간 것은 요코와의 사랑이 있었기 때문에 가능했다. 1960년대 전위적인 현대 미술 그룹 플럭서스Fluxus(1960년대 초부터 1970년대에 걸쳐 일어난 국제적인 전위 예술 운동. 백남준, 요셉 보이스, 오노 요코, 존 케이지 등이 활동했다)의 일원이었던 그녀는 풍부한 아이디어와 지성 있는 위트로 레논을 사로잡았다. 그녀와의 깊은 사랑으로 레논은 이혼의 상처와 비틀스와의 결별을 견디고 어린 시절부터 그를 괴롭혀 온 오랜 상처를 극복할 수 있었다.

사랑은
삶과 죽음의 줄타기

결혼을 앞둔 20, 30대에는 누군가를 사랑하는 것으로 자신의 자존감을 높이고 마음 속 깊은 상처까지 치유할 수 있기를 바란다. 아마 남자들보다 여자들이 사랑에 거는 기대가 더 많을 것이다. 배우자를 선택할 때 사랑 하나만 보고 결혼을 결정하는 쪽도 여자가 더 많다.

레논에겐 요코가 있었다. 남녀가 바뀌긴 했지만 레논도 요코 덕분에 오래된 상처를 치유하고 새로운 삶을 살 수 있었다. 요코는 재능이 많은 여자이기도 했지만 무엇보다 지극히 레논을 사랑했기 때문에 그에게 좋은 영향을 줄 수 있었다. 그에게 변함없는 사랑을 주면서 그의 곁에서 서두르지 않고 기다려 줬다. 물론 요코가 레논을 끝까지 사랑할 수 있었던 원동력 또한 레논의 사랑에서 비롯된 것이었다. 그래서 그는 변화할 수 있었고 성장할 수 있었다. 그는 훗날 〈하느님God〉이라는 노래를 통해 다른 누구보다 요코를 신뢰한다고 말한다. 사랑은 이처럼 사람을 변화시키는 가장 큰 힘이고, 배우자는 누구도 할 수 없는 일을 하게 해 주는 존재다.

많은 여성들이 남편을 사랑하고 남편과의 깊은 관계를 통해 삶의 기쁨과 행복을 얻기를 간절히 바란다. 하지만 무엇 하나 부족함이 없어 보이는 여성들도 불만, 삶에 대한 권태, 무기력, 불안에 시달리는 것을 보게 된다. 바로 진정한 사랑의 기쁨이 채워지지 않았기 때문이다. 여자에게 사랑은 모든 것을 희생하면서도 얻고 싶은 선택이기도 하다. 이렇게 사랑받은 여자는 다시 남자의 방황과 상처를 치유할 수 있는 놀라운 힘을 갖게 되고 관계는 선순환된다.

프란츠 카프카Franz Kafka는 사랑에 대해서 이렇게 말한다.

"끊임없이 죽고 싶은 욕망과 여전히 자신을 지키고 싶은 욕망만이 존재하는 것, 그것이 사랑이다."

결국 사랑은 삶과 죽음의 줄타기다. 그 사람이 내가 되고 내가 그가 되는, 쉽게 말해 두 사람이 몰아일체의 존재가 되는 것을 말한다. 아내는 남편과 한 몸, 한 마음이 되기를 바라며 바로 그런 순간에 자신이 사랑받는다고 느낀다.

그러나 남자에게 아내를 사랑한다는 '행위'는 대단히 피곤한 일이다. 남자는 결혼 전에 여자에게 할 수 있는 모든 수단을 동원해 사랑을 갈구한다. 일생동안 쏟아 부어야 할 사랑의 에너지를 구애의 과정에 쏟아 부어 여자의 사랑을 얻는다. 사랑을 쟁취한 남자는 안도하고, 아내는 더 이상 구애를 해야 할 대상이 아니기에 둘 사이의 긴장감은 현저하게 떨어진다.

목적을 달성한 남자에게는 구애 과정에서 보였던 열정이 사라진다. 그런 남자가 결혼 이후에도 변함없이 매일 아내와 사랑을 나누고 사랑을 확인시켜 주기란 쉽지 않다. 하지만 여자는 남자가 자신의 마음을 이해하기 위해 늘 세심한 주의를 기울이고 자신이 보내는 신호를 해석하기 위해 애를 쓰는 모든 작업, 여자의 말과 행동에 주목하고 끊임없이 여기에 반응을 보이는 과정을 통해 사랑을 느낀다. 이것은 사랑하면 당연히 뒤따르는 것이 아니다. 남자의 입장에서는 끊임없이 주의를 기울이고 노력해서 겨우 얻을 수 있는 힘든 성과

물이다.

"왜 사랑한다면서 표현하지 않아요?"라고 남편에 대한 불만을 토로하는 여성들이 많다. 하지만 남자라는 종의 특성에 대해 이해한다면 이는 당연한 과정이라는 것을 알게 된다. 그래서 수많은 남자들이 아내를 여전히 사랑하지만, 여자들은 남편이 자신을 사랑한다는 것을 느끼지 못한 채 우울과 실망감 속에서 살아간다. 남자들이 아무리 "내가 당신을 얼마나 사랑한 줄 알아?", "다 당신과 애들을 위해서 이렇게 일하는 거야."라고 말해도 변명처럼 들릴 뿐이다. 물론 요즘에는 여자가 원하는 것을 잘 알아주고 표현하는 남자도 많이 있다. 하지만 그렇지 않은 남자라고 해서 모두 이기적이거나 나쁜 남자라고 보기는 어렵다.

남자와 여자는 다르다. 그래서 남자의 사랑과 여자의 사랑에도 차이가 있다. 남자에게 사랑은 구애 단계까지지만 여자에게는 그 이후부터 진짜 사랑이 시작된다. 그렇기에 결혼을 하자마자 변하는 남자를 보면서 실망하거나 결혼을 후회하기보다는 남자에게 원하는 것을 충분히 말하고 표현하면서 요구하는 것이 중요하다. 이 과정은 여자를 위해서만이 아닌 남자를 위해서도 필요한 과정이다. 충분한 사랑을 받은 요코를 통해 레논의 인생 또한 완전히 달라지지 않았는가. 인생에는 공짜가 없다. 하지만 사랑은 언제나 더 큰 선물을 안겨 줄 것이니 노력해서 후회할 일은 없을 것이다.

사랑은
영혼을 치유한다

텍사스 레인저스의 간판타자 조쉬 해밀턴은 한 경기에서 홈런을 4개를 날린 것으로 유명한 선수다. 그는 1999년 메이저리그 전체에서 지명순위 1순위였을 정도로 전도유망했다. 그러던 어느 날 가족들과 여행을 가다 교통사고를 당해 극심한 고통에 시달린다. 이후 그는 성적 부진으로 인한 스트레스를 풀고 기분 전환을 하기 위해 문신을 하기 시작했고 거기서 만난 사람들과 어울리다 마약 중독과 알코올 중독에 빠진다. 그의 몸에는 더 이상 문신을 새길 데가 없을 정도였다.

그는 더 이상 메이저리그의 잘나가던 선수가 아니었다. 마약 중독으로 그는 2004년부터 2년간 선수 자격을 정지당하면서 팬들의 기억에서 잊혀졌다. 그렇게 급격하게 추락하던 해밀턴에게 그의 할머니가 던진 한마디는 그를 다시 일으켜 세운다.

"너는 너 자신을 죽이고 있고, 더 나아가 너를 사랑하는 가족들을 죽이고 있어!"

그는 할머니의 말에 정신이 번뜩 들었다. 그래서 재능을 썩히고 있는 스스로를 채찍질하며 다시 성공에 대한 의지를 불태우기 시작한다. 결국 해밀턴은 그렇게 그를 사랑하는 가족과 주변 사람들의 도움으로 재기에 성공한다. 2008년 강타자의 반열에 오르고, 2009년에는 타격왕이 되고, 2010년 드디어 팀을 월드시리즈 진출로 이끈다.

뛰어난 거포의 자질을 가진 조쉬 해밀턴이 나락으로 떨어졌을 때 그를 다시 끌어 올린 것은 단순히 성공해야겠다는 의지만이 아니었다. 자신이 혼자가 아니라는 것을 깨닫게 해 준 사랑하는 가족이 곁에 있었기 때문에 그는 재기에 성공할 수 있었다.

이런 일은 조쉬에게만 해당되는 일은 아니다. 상사에게 깨져 회사를 그만두고 싶거나 몸이 부서질 것 같이 일이 힘들어도 가족들이나 자녀들을 생각하며 어려움을 극복한 경험이 한 번쯤은 있을 것이다. 사회생활이 쉬이 적응되지 않는 사회 초년생들도 부모님을 생각하며 힘든 시간을 이겨 내 본 적이 있을 것이다. 우리도 때때로 가족 때문에 어려운 일을 넘길 수 있다.

물론 가족의 힘은 대단히 크기에 이러한 사랑을 충분히 받지 못한 아이는 커서 어려움에 처하기도 한다. 가장 가까운 관계로부터, 이해할 수 있는 방식으로 사랑받지 못한 아이는 결핍감을 느끼고 사랑에 대한 욕구가 잘못된 방향으로 향하거나 사랑하는 능력이 왜곡될 수 있다. 하지만 이런 사람들을 치유하는 것도 사랑이다. 절망의 나락으로 떨어진 조쉬 해밀턴에게 간곡한 충고를 해 줄 수 있는 할머니가 있었던 것처럼 가족에서 받은 상처 역시 가족을 통해 치유될 수 있다. 가족에게 받은 상처는 우리를 고통스럽게 하고 깊은 후유증도 남기지만 상처를 본질적으로 치유하기 위해서도 가족의 사랑이 필요하다.

가족 안에서 자기가 얼마나 소중한 사람인지 다시 알게 된 조쉬 해밀턴, 부부의 사랑 속에서 얻어진 안정감으로 깊은 음악성을 얻고 자기 치유를 할 수 있던 존 레논. 이들 모두에게 가족의 사랑이란 자신의 인생을 리셋시켜 준 가장 소중한 보물일 것이다.

우리는 과연 어떤 사랑을 하고 있는가? 결혼 생활 속에서 어떤 사랑을 할 것인가? 구애 과정 속에서만 사랑을 하고 이제는 쉬고 있는가? 지금까지 우리는 어떤 부부였고 앞으로 어떤 부부로 살아가야 할까? 고통스런 현실에 낙담하기만 할 것이 아니라 다시 마음을 추스르고 문제를 직면해야 할 때다.

사랑은 모든 문제의 시작이면서 완성이다. 그리고 그 힘은 사랑을 믿는 사람들에게 더 확실한 효과를 보여 줄 것이다.

가족 소통법
1, 2, 3, 4

🍃 가족

한 설문 조사에서 남편은 직장에 있을 때 더 외롭다고 말했고 아내는 남편과 함께 있을 때 더 외롭다고 말했다. 왜 가장 사랑하는 사람이 날 가장 외롭게 만들까. 혹은 내가 사랑하는 사람을 외롭게 하는 건 아닐까. 어떻게 해야 사랑하는 가족들과 충분한 사랑을 나눌 수 있을까.

아내가 마트에서 김밥 재료를 사 온다는 소식을 들으면 어린아이처럼 기분이 좋다. 마치 소풍날 엄마의 김밥을 기다리는 아이가 되는 기분이다. 아내가 집에 돌아와 김밥을 만들기 시작하면 나는 옆에서 계란을 부치고 소시지와 어묵을 볶는다. 아내는 시금치와 당근을 맡는다. 둘이 힘을 합쳐 김밥 재료를 준비하고 아내는 밥에 참기름과 깨를 넣고 김밥을 만다. 누가 시키지 않아도 우리는 자연스럽게 분업을 한다. 나는 아내가 말아 둔 첫 김밥을 자르지 않고 그냥 한 입 통째로 베어 먹는다. 그 순간은 늘 기분이 좋다.

썰어 둔 김밥의 모양은 참 조화롭다. 적당한 채소와 육류를 대표하는 소시지, 어류를 대표하는 어묵과 맛살. 땅과 바다의 모든 재료가 적당히 어우려져 가지런히 김에 박혀 있는 모양이 참 좋다. 아내는 내가 김밥을 먹을 때마다 얼굴에 행복감이 번지는 것을 느낀다고 한다. 어떻게 김밥 한 줄에 그렇게 행복해하는지 의아해하면서.

평범한 김밥에서 행복감을 느끼는 나의 얼굴에 아내도 덩달아 기분이 좋아져 김에 밥을 꾹꾹 눌러 펼치며 웃는다. 별것 아닌 음식인 김밥이지만 함께 만들며 아내와 자연스럽게 역할을 나누고, 즐거운 마음으로 만들고, 맛있게 먹는 그 순간은 나에게 무한한 행복을 준다. 짧은 순간이지만 우리가 서로를 얼마나 사랑하고 있는지, 오랫동안 단단하게 쌓아온 신뢰가 얼마나 견고한 것인지를 실감한다.

그날 우리 부부의 소통의 매개는 바로 김밥이었다. 함께 김밥을 만드는 과정과 그를 통해 자연스럽게 표현된 감정이 우리 부부의 마음을 활짝 열게 만든 것이다.

관심:
말하지 않아도 알아요

대기업에서 면접관으로 있는 한 지인으로부터 들은 말이다. 신입 사원을 선발할 때 지원자가 면접실의 문을 열고 들어오는 모습을 본 순간 이미 당락의 70퍼센트가 결정된다고 한다. 나머지 20~30퍼센트는 처음 느낀 생각을 확인하는 작업이라는 것이다. 그래서 유명 대기업에서는 이런 면접 관행을 없애기 위해 시간을 두고 충분히 판단하도록 일정 시간 이후에 점수를 표기하도록 했지만 결과가 바뀌는 경우는 많지 않았다고 한다. 그래서 취업 준비를 돕는 어느 유명 강사는 면접 기술을 연습하기보다 자기 안의 상처를 회복하는 것이 취업에 더 유리하다고 말하기도 했다.

면접관에게 '이 사람이다.'라는 인상을 주는 지원자는 안정적인 내면의 상태를 잘 비춰 주는 얼굴을 갖고 있을 것이다. 내면의 상태가 잘 표현되는 얼굴은 그 자체로 소통의 도구가 된다. 우리는 대화를 할 때 상대의 얼굴을 살피며 그 사람의 내면을 관찰한다. 대부분의 중요한 미팅은 서면이나 전화로 이뤄지지 않고 반드시 얼굴을 맞대고 하게 마련이다. 이것은 상대의 얼굴을 보고 행간을 읽어 가면서 의미 있는 소통을 하기 위해서다. 소통의 과정에서는 얼굴 생김새가 아닌 얼굴에 드러나는 감정과 표정이 중요하기 때문이다.

대화:
말하지 않으면 몰라요

한 부부가 다음과 같이 대화하고 있다고 가정하자.

"여보, 당신 왜 그래요?"

"(고개를 저으며 인상을 쓰고) 뭐가? 왜 그래?"

"무엇 때문에 화난 거예요."

"왜 시비야. 화 안 났다는데 왜 그래?"

남편은 화가 나지 않았다고 말했지만 아내는 분명히 표정이나 몸으로 드러난 분위기를 통해 남편의 감정을 파악했을 것이다. 가까운 사람일수록 비언어적인 방식으로 표현되는 감정을 예민하게 파악할 수 있다. 그래서 억누르고 참고 있어 주위 사람들이 모를 거라고 생각한 감정이나 생각이 예상과 다르게 파악되기도 하는 것이다.

어떤 남편은 아내와 다투고 나면 언제나 침묵으로 일관했다. 한번 입을 다물기 시작하면 2~3일 동안 말을 하지 않았다. 아내가 아무리 애원하고 부탁해도 소용없었다. 이 긴 침묵이 지속될 때마다 아내는 남편에게 거부당하고 있다고 느꼈다. 남편은 부인에게 아무 말도 하지 않았지만 침묵은 분명 부인을 위협했고 부인은 남편의 침묵이 시작될까 봐 전전긍긍했다.

소통은 언어로만 이루어지는 것이 아니다. 얼굴 표정, 몸짓, 자세, 목소리의 강도, 공간적 거리감 등 비언어적 행동까지 모두 소통의 과정에 포함된다. 따라서 인간의 언어적, 비언어적 행동은 모두 일정한 의미를 갖고 있다. 이러한 맥락에서 보면 소통은 의미를 만들고 공유하는 과정이라고 볼 수 있다.

부부를 대상으로 한 설문 조사에서 남편은 직장에 있을 때 더 외롭다고 말한 반면 아내는 남편과 함께 있을 때 더 외롭다고 말했다. 자신을 무신경하게 방치하는 남편이 있기에 더 큰 외로움을 느낀다는 것이다.

배려:
너의 시선을 존중할게

요즘 한참 농구를 배우는 아들은 나에게 자주 농구를 하자고 조른다. 그럴 때마다 우리는 농구장에서 공을 주고받거나 골을 넣으며 즐거운 시간을 보낸다. 아이와 나는 이렇게 몸의 언어로 서로 소통한다.

소통이란 공을 주고받는 것과 같다. 공이 두 사람 사이에 오가는 것처럼 소통도 적절하게 오가야 한다. 공을 부드럽게 던지면서 상대를 배려하듯이 소통도 상대를 배려하면서 이루어져야 한다. 일방적으로 상대에게 공을 던지면 적절한 순간에 공을 받을 수 없어 게임은 중단된다. 소통은 누군가 일방적으로 던진 공처럼 흘러가서는 안 된다. 소통에서 제일 중요한 요소는 공감이다.

"여보, 저기 봐. 보름달이야."

"당신, 달 처음 봐? 왜 그리 유난이야!"

이것은 대화라고 보기 어렵다. 단지 두 사람이 말을 섞은 것뿐이다.

"여보, 요즘 너무 지치고 힘들어."

"내가 보기에도 당신이 힘들어 보여."

이것은 대화다. 대화는 말을 주고받는 것이 전부는 아니다. 상대의 감정에 대한 배려, 즉 공감이 전제돼야 한다.

공감은 다른 사람의 감정을 느끼는 능력이다. 우리는 공감을 통해 다른 사람을 자신 안에서 비추어 보고 그의 의도와 느낌을 감지할 수 있다. 공감이 전제한 대화는 마음의 상처를 극복하고 관계를 회복할 수 있는 놀라운 치유의 힘을 갖고 있다. 미국의 한 통계에 따르면 권위주의에 젖은 의사들일수록 환자와의 의료 분쟁에 더 자주 휘말린다고 한다. 의료 분쟁마저도 객관적 사실에서 기인하기보다 사람의 감정과 연결돼 있는 것이다. 의사들이 환자를 대할 때 환자의 고통에 공감해 주고 친절하게 대하자 의료 분쟁에 휘말릴 가능성은 현격하게 감소했다.

공감의 대화는 종종 상대의 실수마저도 눈감아 줄 수 있는 마음의 여유를 준다.

사랑은 단순히 거저 주는 것이 아니다. 사랑은 지각 있게 주는 것이고, 마찬

가지로 지각 있게 주지 않는 것이다. 그것은 지각 있게 칭찬하고, 지각 있게

비판하는 것이다. 상대방을 평안하게 해 주는 것과 더불어 지각 있게 논쟁하

고, 투쟁하고, 맞서고, 몰아대로 밀고 당기는 것이다. (…) 그것은 심사숙고

해야 하며 때로는 고통스러운 결정을 해야 할 때도 있다.

— 모건 스콧 펙 M. Scott Peck

공감:
당신의 마음을 이해해요

『유혹의 기술』을 쓴 로버트 그린Robert Greene 은 여자는 자신의 마음을 꿰뚫어 보는 사람과 함께 있을 때 편안함을 느낀다고 말한다. 상대가 자신의 마음을 잘 알아준다고 느낄 때, 자신의 마음을 진심으로 공감해 주는 사람을 만날 때 평온함을 느낀다는 것이다. 그런 사람을 만나면 우리는 자신도 모르게 긴장이 풀리고 얼굴에 미소가 번진다. 그런 사람이 곁에 있다면 그 사람을 생각하는 것만으로도 마음이 풀리는 경험을 하게 된다.

전작인 『가족의 두 얼굴』이 출판됐을 때 나는 출판사로부터 5권을 선물 받아서 집으로 가져왔다. 그런데 어느 날 집에 갖다 놓은 책을 보려고 했더니 책이 한 권도 보이지 않았다. 아들에게 책의 행방을 물으니 영어 학원 운전기사 아저씨에게 선물했다고 했다.

아들은 학원에서 가장 멀리 떨어진 곳에 살고 있어서 영어 학원 차를 타고 갈 때 언제나 앞좌석에 앉아 기사 아저씨와 대화하며 다닌다. 그때마다 아저씨는 아들의 수다를 들어 주고 공감해 줘서 가뜩이나 말이 많은 아들을 신 나게 해 줬다. 그래서 선물할 책이 생기자 가장 먼저 자신의 이야기를 들어 주고 공감해 줬던 기사 아저씨를 떠올리며 책을 선물한 것이다. 아들은 기사 아저씨가 자신을 따뜻하게 대해 주었던 것을 잊지 않았다.

이렇듯 인간은 눈과 눈이 마주치고 얼굴과 얼굴이 서로를 향할 때 가장 큰 기쁨을 얻는다. 소통은 서로의 마음을 읽는 과정이다. 상대방의 말과 얼굴을 통해 상대방 마음 깊은 곳에 있는 생각을 알게 되고 공감을 통해 서로의 마음을 읽어 줄 때 우리는 행복감을 경험한다.

누군가 소통 부족이나 대화의 결핍을 호소한다면 이것은 단지 말이 부족하다는 의미는 아닐 것이다. 말만을 섞는 것은 대화가 아니다. 때로는 많은 말이 오가도 아무것도 나누지 못했다는 느낌이 들 때가 있다. 애정도 관심도 담기지 않았기 때문이다.

사람들은 의외로 상대방의 감정을 잘 파악한다. 하물며 사랑하는 사이라면 표현되는 것이 진심인지 아닌지 쉬이 알게 된다. 사랑의 다른 말은 공감이다. 짧은 순간이라도 상대방과 대화를 나눌 때는 상대방의 입장에서 그 순간에 충실하며 몸과 마음으로 대화를 나누자. 서로의 마음을 이해하는 순간 해묵은 감정이나 오해는 대부분 풀리게 돼 있다.

4

나는 나를
파괴하지
않을
의무가
있다

홀로
나를 사랑할 시간

🍃 의존

관계는 어느 쪽이 더 능동적이고 주도적인가, 어느 쪽이 더 수동적이고 의존적인가에 따라 권력 구조가 발생한다. 고독감을 견디지 못하거나 과도하게 의존적인 사람은 애초가 사랑의 패배자가 될 수밖에 없는 운명이다.

"남자들은 왜 나를 끝까지 사랑하지 않을까요?"

서른 살 선미 씨는 명문대를 졸업하고 대기업에 다니는 전형적인 엘리트 여성이었다. 선미 씨가 속한 부서는 남자 직원이 대부분이었는데 안타깝게도 그녀는 사내에서 '쉬운 여자'로 통했다. 남자 동료들은 쉽게 그녀를 찔러보았고 그녀는 쉽게 구애를 받아들였다. 하지만 관계는 언제나 오래 가지 못했다. 짧은 만남과 헤어짐이 반복되다 보니 어지간한 남자 직원들은 대부분 그녀를 거쳐 갔다. 스펙, 외모, 성격, 어느 것 하나 부족함이 없었지만 연애 기간은 매번 짧았고 어김없이 차이는 것으로 관계가 끝났다.

그녀는 자신이 언제나 버림받는다는 사실에 절망하며 스스로를 자책했다. 왜 모든 남자들이 자신을 버리는지 알 수 없어 전전긍긍하던 중에 최근 사귀고 있던 남자에게 또다시 이별 통보를 받았다. 그녀는 깊은 슬픔과 절망감을 느끼며 헤어지자는 남자에게 이유를 물었다. 이어진 그의 싸늘한 대답은 충격적이었다.

"넌 너무 쉬워서 재미도 없고 싫증 나. 이제 그만 끝내자."

연애를 하다 보면 밀고 당기기 즉, '밀당'이 존재하기 마련이다. 하지만 그녀에게는 밀당이 존재하지 않았다. 아니, 존재할 수 없었다. 누군가 자기에게 호감을 보이기만 해도 고마워서 상대를 마다하지 않고 받아들였다. 하지만 남자들은 마음을 쉽게 받아 주는 선미 씨에 관심을 가졌지만 거절할 줄 모르는 선미 씨에 흥미를 잃다가 다른 남자에게도 이렇게 쉽게 마음을 줬을 거라는 생각까지 하게 되면 금세 마음이 식어 버렸다. 이런 남자들이 많아질수록 선미 씨의 평판은 돌이킬 수 없는 지경에 이르렀다.

'가장 쉽게 유혹할 수 있는 사람은 자신이 사랑하지 않는 사람'이라는 말이 있다. '더 많이 사랑하는 사람이 약자'라는 말도 있다. 사랑이라는 감정의 권력 구조를 보여 주는 말이다. 사랑에 성공하기 위해서는 역설적으로 상황과 상대에 빠져 감정적이 되는 것을 경계하고 상대의 반응을 느긋하게 기다릴 줄 알아야 한다. 사랑에 빠지면 상대방을 지나치게 이상화하게 된다. 그리고 상대방이 완벽하게 보일수록 자기 자신은 열등하다고 느낀다. 두 남녀가 주고받는 사랑의 저울이 지나치게 한쪽으로 기울면 관계는 정상적으로 지속되지 못한다. 저울의 추는 감정의 크기에 따라 움직이기도 하고, 능동성과 수동성에 따라 움직이기도 한다. 사사로운 밀고 당기기가 하찮게 보일 수도 있지만 사랑이라는 감정의 균형을 유지한다는 것은 한 인간의 자존감과 자기애를 극명하게 보여 준다는 점에서 주목할 필요가 있다.

누구나 홀로 서야 하는 곳, 자기만의 방

　　　　　　선미 씨는 5녀 중 막내로 태어났다. 아들을 간절히 바랐던 선미 씨의 엄마는 다섯 번째 딸을 낳고 크게 실망했다. 집안에 아들이 귀해 아이를 낳을 때마다 모두의 기대를 한 몸에 받았지만 결국 딸만 다섯을 낳은 엄마는 시댁에서 거의 죄인 취급을 받았다. 엄마는 늘 자신의 처지를 한탄했고 선미 씨가 아들이 아닌 것을 원망했다. 본인의 의지는 아니었지만 평생을 고통 속에 살아가는 엄마를 보면서 그녀는 죄책감과 연민에 빠졌다.

　그녀는 엄마를 위해 아들이 돼 주기로 했다. 아들만큼 자랑스러운 사람이 돼 엄마가 원하는 삶을 살려고 했다. 착하고 바른 성품을 유지했고, 공부도 열심히 해서 남자들이 많은 명문대 공대에 입학했다. 졸업 후에는 많은 젊은이들이 선망하는 대기업에 취직해 엄마를 기쁘게 했다. 그녀는 엄마의 아바타처럼 살았다. 그녀의 삶은 그녀 자신이 아닌 엄마가 원한 삶이었다. 엄마가 원하고 이끄는 대로 살다 보니 정작 자신의 욕구와 감정은 뒷전으로 밀려났다. 항상 자신이 바라는 것보다 타인이 바라는 것이 우선이었다. 그런 패턴은 이성과의 관계에서도 고스란히 드러났다.

연애 패턴은 사실 한 개인의 생애 전 주기에 걸쳐 만들어지고 드러난다. 그렇기 때문에 항상 비슷한 이성에게 끌리고 비슷한 문제로 헤어지게 된다. 다시는 이런 식으로 연애하지 말아야지 하면서도 비슷한 관계가 되풀이되는 것도 이 때문이다.

선미 씨가 비슷한 연애, 비슷한 이별을 반복하는 것도 그런 성향과 관계가 있었다. 연애의 과정에서 자신의 감정을 억누르고 상대의 감정만을 우선시하다 보니 시작도 하기 전에 이미 관계의 패배자가 된 것이다.

자기의 감정을 억압한다는 것은 자기를 알고, 자기를 인정하고, 그리하여 자기를 사랑하고 받아들이는 혼자만의 시간을 충분히 즐기고 누리지 못한다는 것과 같다. 사실 혼자만의 시간을 잘 견디는 사람이 함께여도 잘 지낸다.

외로워서 누군가를 선택하는 사람은 역설적으로 사랑에 성공할 가능성이 낮다. 진정한 사랑을 찾는 데에 유혹의 기술보다 중요한 것은 바로 내면의 불화를 다스리는 기술이다. 사람들은 혼자 있을 때 자신의 가장 깊은 내면과 접촉하고, 슬픔의 실체를 받아들이고, 번뇌의 실타래를 정리한다. 이것은 막연한 외로움이 아니다. 복잡한 관계들에서 벗어나 자신의 상태를 정면으로 마주하고 받아들이는 일은 자신을 사랑하기 위한 첫 단계다. 이것은 타인을 사랑하는 것보다 중요하다. 자신을 사랑하고 인정할 줄 알아야 상대에게도 그 감정을 동일하게 투영할 수 있기 때문이다. 사랑한다는 것은 나를 버리고 남을 받아들이는 것이 아니라 나를 먼저 받아들인 뒤 그 방에 타인을 초대하는 것이다.

프랑스의 수필가이자 사상가인 몽테뉴는 누구나 내면 깊숙한 곳에 자기만의 공간을 간직하고 있어서 언제든 마음대로 그곳으로 들어가 자유와 고독을 누릴 수 있어야 한다고 말했다. 혼자 있을 수 있는 능력은 건강한 관계를 맺는 데 필수적이다. 혼자 있을 수 있을 때 비로소 내면의 불안과 화해할 수 있다.

자기만의 공간과 시간이 없는 사람들은 자신에게 확신을 갖지 못한다. 아니, 자기가 어떤 사람인지도 알 수 없다. 낯선 모임에 갔을 때, 다른 사람들이 관심을 보이지 않으면 스스로 가치 없는 사람이라고 자책하게 되는 이유는 바로 우리가 외부의 사랑, 인정, 지지를 받아야 겨우 버틸 수 있는 존재이기 때문이다.

나약한 자아를 불러 오는 분리 불안

혼자 지낼 수 있는 능력은 유년기의 엄마와의 관계에서 형성된다. 아기는 태어나 몇 주가 지나면 엄마가 자기를 눕혀놓고 방에서 나갈 때마다 엄마와 떨어져 있게 된다는 것을 알게 된다. 처음에 엄마가 사라지면 아기는 불안을 느끼고 울음을 터뜨린다. 그러다가 엄마가 매번 돌아온다는 것을 알게 되면 엄마가 자기 곁에서 영원히 사라지는 것이 아니라 곧 다시 돌아올 것이라는 것을 알게 된다. 짧은 시간이지만 아기는 엄마가 없는 동안 혼자 있을 수 있게 되고 이 상태를 더 이상 고통스러워하지 않는다.

영국의 소아과 의사이자 정신분석가인 도널드 위니콧Donald W. Winnicott은 아기가 혼자 있는 시간을 어떻게 보내느냐에 따라 성인이 된 이후 안정적인 사랑을 형성하는 능력이 결정된다고 말한다. 아기는 엄마가 없는 동안 혼자서 손장난을 하거나 옷자락으로 얼굴을 비비고 손가락을 빨아 보기도 한다. 이불을 만지작거리거나 창문에 어른거리는 물체를 바라보기도 한다. 아기는 엄마의 부재 속에서 엄마를 대신하는 '대상'을 선택하고 그것을 자신만의 방법으로 활용한다. 대상을 통해 아기는 상상 속에서 엄마와 이어져 있고 엄마와 함께라고 믿는다. 그렇기에 아기는 혼자지만 혼자가 아니다.

엄마의 부재를 견디지 못하고 '분리 불안'을 안게 된 아이들은 관계를 형성할 때 고독감을 견디지 못하고 과도하게 의존적이거나 밀착된 관계를 맺는다. 그렇게 되면 다른 사람에게 자신의 자율성을 침해받고 고독을 창조적으로 사용할 수 있는 기회를 잃는다. 다른 사람과 적당한 거리를 유지하고 자기를 지키면서 관계를 맺는 것이 아니라 다른 사람이 자신을 독점하게 하여 의존적인 존재가 되거나 아예 방치하게 둔다.

관계는 어느 쪽이 더 능동적이고 주도적인가, 어느 쪽이 더 수동적이고 의존적인가에 따라 권력 구조가 발생한다. 바로 이 싸움에서 선미 씨는 애초에 사랑의 패배자가 될 운명이었던 것이다. 그녀의 내면은 한없이 나약했고, 홀로 있는 잠깐의 순간도 견디지 못했다. 홀로 자신을 들여다 본 적이 없는 그녀는 타인을 제대로 사랑할 줄도 몰랐다.

이제 선미 씨는 엄마의 불행했던 운명이 자신의 것은 아니라는 것을 받아들여야 한다. 엄마는 아들을 낳지 못해 고통스러운 시간을 보내야 했지만 그 고통의 원인은 선미 씨 자신이 아니며 또한 그 고통이 자신의 고통으로 전이돼서는 안 된다는 사실을 인정해야 한다. 딸이 아닌 아들이 돼야 한다는 강박은 자신의 존재 자체를 부정하는 것이다. 선미 씨는 단지 한 가족의 사랑스러운 딸일 뿐이다. 이 간단하고 명료한 사실을, 그녀는 너무 오랫동안 거부하며 살아왔다.

"내가 아들이 아닌 딸이었다는 것에 더 이상 열등감을 느끼거나 가치 없는 사람이라고 여기지 않겠어. 엄마의 불행했던 삶은 엄마의 몫이지, 더 이상 내 몫이 아니야. 나는 이제 내가 여자라는 사실을 부끄러워하지 않고 받아들이고 존중할 거야."

혼자만의 시간을 통해 있는 그대로의 자신을 받아들이고 자신의 바람과 욕구를 존중하게 된다면 선미 씨의 관계에도 변화가 생길 것이다.

상담을 하다 보면, 고민과 갈등을 잔뜩 짊어진 채 상담을 시작하는 내담자와 상담이 종결되고 문제가 해결된 뒤의 내담자는 전혀 다른 사람처럼 보일 때가 있다. 선미 씨 역시 상담을 통해 혼란스러운 내면을 마주하고 스스로 문제를 해결하면서 조금씩 자신감을 회복해 갔다. 남자 앞에서 자신도 모르게 위축되던 모습도 사라졌다. 점점 고독을 창조적으로 사용하게 될 줄 알게 된 그녀는 지금 혼자이지만 어쩐지 누군가와 함께일 때보다 더 행복해 보였다.

나는 나를 파괴하지 않을 의무가 있다

🍂 **불안**

어린 시절, 불안정한 상황에 무방비로 노출된 사람은 안정된 순간을 오히려 불안해한다. 곧 어떤 일이 일어날지 모른다는 생각에 오히려 스스로 갈등 상황을 만들기도 한다. 불안을 극복하기 위해 불행을 반복하며 살아가게 되는 것이다.

은영 씨의 어린 시절은 부모님의 치열한 부부 싸움으로 가득 차 있었다. 은영 씨의 부모는 거의 강박적으로 부부 싸움을 했고, 큰소리로 서로에게 폭언을 하며 온 집안을 긴장 속으로 몰아넣었다. 그때마다 은영 씨는 극도의 불안과 수치심, 슬픔, 고통에 휩싸였다. 부모가 지쳐서 쓰러질 정도로 오랫동안 싸우고 난 뒤에야 그녀는 잠시 안도감을 느끼고 평온을 되찾았다.

늘 긴장 속에 살아왔던 그녀가 가장 원한 것은 안정감이었다. 그런데 그녀가 가장 안정감을 느끼는 순간은 부모가 싸우지 않는 순간이 아닌 끈질기게 싸우고 바닥까지 서로를 할퀸 뒤였다. 왜냐하면 부모가 너무나 자주 싸웠기 때문에 아무 일이 일어나지 않을 때는 오히려 언제 다시 싸울지 불안했기 때문이다. 은영 씨에게 평온한 순간은 오히려 불안한 순간이 된 것이다.

은영 씨는 그런 부모의 모습을 보면서 '나는 절대로 저렇게 살지 않겠다.'고 수차례 다짐했다. 하지만 그녀는 불행하게도 부모의 삶을 되풀이하고 있었다. 겉으로는 평범한 가정주부로 사는 것처럼 보였지만 그녀는 항상 남편과 주변 사람들을 도발해 자신을 공격하게 만들었다. 오히려 평온한 상태를 견디지 못하는 것 같았다. 어떤 식으로든 긴장 상태를 만들고 상대방을 공격하고 또 공격당했다. 시간이 갈수록 남편과 주위 사람들은 서서히 지쳐 갔고 그럴수록 그녀는 더 깊이 고립됐다.

그런데 은영 씨는 그런 상태가 편했다. 스트레스 지수가 높이 올라갈수록 그것이 진정제로 작용해, 안정감을 느끼게 되는 딜레마에 빠진 것이다.

가족에게 받은 상처는 한 사람의 인생에 치명적인 악영향을 미친다. 상처는 아무리 작고 사소해 보여도 삶 전체를 송두리째 바꿀 만한 위력이 갖고 있으며, 언제나 후유증을 남긴다. 어린 시절 가족에게 받은 상처로 인해 지속적인 스트레스에 노출되면 행복 호르몬인 옥시토신 수치는 낮아지고 스트레스 호르몬인 코르티솔 수치가 높아진다.

어린 시절 불행한 경험으로 코르티솔 호르몬에 자주 노출된 사람은 행복 호르몬인 옥시토신을 추구하기보다 역설적으로 더욱 스트레스 상황에 처하려고 한다. 우리 몸은 코르티솔 수치가 최고조로 올라가면 생존을 위해 자동적으로 마취 체계가 가동해서 진정제를 배출한다. 한 번도 누군가 스트레스 상황을 해결해 주거나 해소하는 방법을 배우지 못했기에 스스로 극단적인 방법을 통해 스트레스를 해소하려고 하는 것이다. 따라서 잔인하게도 과도한 스트레스에 노출된 사람은 그 스트레스를 해소하기 위해 엄청난 스트레스 상태가 돼야 비로소 긴장을 풀고 안정을 되찾는다. 그래서 가족에게 상처를 받은 사람은 스트레스를 극복하기 위해 역설적으로 더 높은 긴장과 갈등 상태를 필요로 하기 때문에, 오히려 자신을 학대하고 관계 속에서 끊임없이 갈등을 야기하거나 스스로를 외로움과 우울감에 고립시켜 고통의 수치를 높이려고 한다. 이제 불행만이 그를 위로하고 치유할 수 있는 수단이 돼 버린 것이다.

상대성으로 획득한
내면의 자유

수많은 예술 작품을 남긴 한국 화단의 거장 이중섭은 그의 작품 세계와는 전혀 다른 불행한 삶을 살았다. 그는 극심한 가난으로 일본인 아내와 두 아이를 일본으로 떠나보내고 두 평도 안 되는 작은 방에서 홀로 지냈다. 사무치게 가족을 그리워하던 이중섭은 절절한 마음을 편지에 담아 보냈다. 그의 편지에는 그가 매일 꿈꿨던 행복한 가족의 모습이 빠짐없이 그려진 것을 알 수 있다. 그는 가난 때문에 가족과 생이별을 하고 평생을 그리워하다가 지인들의 도움으로 일본에 건너가 아내와 아이들을 만났지만 곧 다시 고국으로 돌아와 마흔이라는 젊은 나이에 쓸쓸하게 죽음을 맞는다. 당시 신문연재소설 삽화를 그려 달라는 제안을 일언지하에 거절하지 않았다면, 그리하여 넉넉하게 가계를 꾸릴 수 있었다면, 그가 부인을 따라 일본에 건너가 돌아오지 않았다면 그의 인생은 달라졌을 것이다. 그러나 그의 불행한 삶은 역설적으로 예술혼에 불을 지폈고 예술의 깊이를 더했다. 불행이 창조의 원천이 된 것이다.

프로이트는 자신을 세상에 길들인 사람을 진정으로 용서할 수 있는 이는 단 한 명도 없다고 말한다. 길들이기 과정은 씻을 수 없는 상처와 아픔을 남기기 때문이다. 우리는 생을 이어 가면서 끊임없이 길들여지는 과정을 겪는다. 이 과정 속에서 자신의 한계와 결핍을 알게 되고 자신이 어떤 존재인지 인식한다. 그래서 길들이기 과정은 우리를 아프게도 하지만 우리가 세상에 발을 내딛고 살기 위해서 반드시 필요한 과정이다.

20세기 독일의 지성을 대표하는 학자 폴 틸리히 Paul Tillich 는 부족함없이 풍요롭게 살던 유년 시절과 청년 시절에는 예술의 가치를 깨닫지 못했다고 고백한다. 그 당시에는 부모와 교사들이 아무리 훌륭한 가르침을 줘도 예술에 큰 관심을 두지 못했다. 그러던 중 그는 제1차 세계대전에 참전해 전쟁의 참상을 온몸으로 겪는다. 그는 부대원의 4분의 3이 전사하는 전쟁의 참극 속에서 극단적인 공포감을 느끼다가 잠시 휴가를 받아 집으로 돌아온다. 죽음의 공포를 떨칠 수 없었던 그는 발길 닿는 대로 베를린 거리를 걷다가 우연히 카이저 프리드리히 미술관을 들어가게 된다. 그는 전시실에서 우연히 산드로 보티첼리의 〈노래하는 여덟 천사와 함께 있는 성모 마리아와 아들〉이라는 작품을 보게 됐고, 그림 속 성모 마리아의 자비로운 눈길과 마주치는 순간 걷잡을 수 없는 눈물을 흘리게 된다. 그는 뜨거운 눈물을 흘리며 설명할 수 없는 수많은 감정들에 휩싸였다.

그는 훗날 당시를 회고하면서 당시 밀려왔던 감정에 스스로도 놀랐다고 털어놓았다. 행복하고 유복한 유년 시절을 보냈던 엘리트 청년 틸리히는 예술에 아무런 감흥을 느끼지 못했지만 전쟁의 참혹함을 겪은 뒤에야 비로소 아름다움이 갖는 의미를 발견하게 된 것이다. 아름다움은 비극적인 슬픔과 고통에 대비될 때 그 가치를 발한다. 아름다움은 그 자체로 빛나는 것이 아니라 반대되는 추함이 존재하기에 의미를 갖는 것이다.

영국의 유명 작가인 조지 버나드 쇼George Bernard Shaw 역시 같은

우리에게는 인생의 가장 '추한' 순간에도 아름다움을 포착하는 능력

이 있다. 그 덕에 상처에 새로운 의미를 부여하고 자신을 추스를 수

있는 것인지도 모른다.

―그렉 브레이든Gregg Braden 『힐링 라이프』

맥락으로, 고문당한 사람을 치유하는 유일한 대안은 예술이라고 말했다. 모순된 요소는 역설적으로 치유와 회복의 힘을 제공한다는 것이다. 덥고 건조한 기후에서 번식하는 바오밥 나무는 벌레가 침투해 병이 들면 스스로 몸 안에서 폭발을 일으켜 회복한다. 자기 몸을 치유하기 위해 역설적으로 자기 몸을 죽이는 길을 택하는 것이다.

파괴의 역설에서
패턴의 재정립으로

　　　　　불행이 유일한 위로의 수단이었던 은영 씨에게 희망의 빛이 비춰진 것은 그녀의 친언니를 통해서였다. 불행한 어린 시절을 공유하고 있던 언니는 동생의 끔찍한 결혼 생활을 지켜보면서 부모의 결혼 생활이 그대로 재연되고 있다는 사실을 깨달았다. 성장하면서 고통이 삶의 전부가 돼 버린 자매들 사이에서 회복의 의지가 조금씩 고개를 들기 시작했다.

　은영 씨의 언니는 설득 끝에 은영 씨를 상담소로 데려왔다. 더 이상 자신의 삶을 파괴하는 동생을 방치할 수 없었다. 이 상처받은 자매들은 상담소를 오가며 어떤 긴장과 갈등도 유발하지 않으면서 자연스러운 친밀감을 쌓기 위해 노력했다. 고통과 슬픔을 다시 행복으로 전환하기 위해서는 진심 어린 우정과 사랑이 필요했다. 고통과 슬픔의 역설은 바로 사랑이기 때문이다.

은영 씨가 삶을 회복하는 첫걸음은 자기 삶의 패턴을 자각하는 것으로 시작됐다. 불행했던 어린 시절을 돌아보고, 그것을 반복하고 있는 자신을 마주하면서 문제를 해결하려던 방식이 오히려 스스로를 파괴하고 있었음을 알게 됐다. 억눌린 감정이 타인에 대한 증오로 표출되고, 해묵은 정신적 고통은 육체적인 고통으로, 슬픔은 우울로, 안정감에 대한 갈망은 일회적인 쾌락으로 변해 버린 자신의 삶을 하나씩 짚어 나갔다. 불행을 해결하기 위해 불행을 반복했던 자신의 방식이 스스로를 파괴하는 비극을 낳았다는 것을 인식한 그녀는 조금씩 변화하기 시작했다.

그녀는 언니에게 자신의 감정을 있는 그대로 털어놓고 표현함으로써 신뢰를 쌓아 갔다. 비로소 은영 씨에게 오래 전에 멈췄던 사랑, 즉 행복 호르몬인 옥시토신이 흐르기 시작했다. 옥시토신은 오르가즘과 같이 욕망의 절정에서 느낄 수 있는 행복감을 선물한다. 옥시토신이 가장 많이 분비될 때는 출산할 때로, 이때 평상시의 천 배의 양이 분비된다고 한다. 역설적이게도 우리의 몸은 가장 큰 고통을 감당할 때 비로소 가장 큰 쾌감을 얻는다.

오랫동안 불행과 고통 속에 몸부림쳐 왔던 은영 씨에게, 뒤늦게 얻는 평온과 행복감은 그동안의 불행의 크기만큼 크게 다가왔을 것이다. 이제 그녀를 위로하는 것이 불행이 아닌 행복이길 바란다.

거울을 보는
여자

강박

대부분의 한국 여자는 자기가 뚱뚱하거나 평범한 외모를 가졌다고 생각한다. 그래서 충분히 예쁘고 멋진 여자들마저 자기의 얼굴과 몸을 개조하는 열풍에 빠져든다. 도대체 얼마나 예뻐지고 말라야 만족할까. 혹은 누구에게 얼마나 인정받아야 이 강박을 멈출 수 있을까.

주말에 차를 끌고 교외로 나가면 산악 자전거를 탄 남자들을 쉽게 볼 수 있다. 잘 단련된 몸에 딱 달라붙는 방풍용 트레이닝복을 입고 멋진 스카프로 얼굴을 가리고 시원하게 산악 자전거를 타고 달리는 모습을 보면 새삼스럽게 남자의 몸이 참 아름답다는 생각을 하게 된다. 가끔 자동차 값에 근접하는 고가의 자전거를 타고 도로를 달리는 모습을 보면 샘이 나기도 한다.

그런데 오스트리아 인스부르크대학병원의 방사선과 학자인 페르디난트 프라우셔Ferdinand Frauscher가 내놓은 결과에 의하면 산악 자전거를 타는 사람들의 96퍼센트가 생식기에 병적인 변화를 겪는다고 한다. 가장 빈도가 높은 부위는 바로 고환이다. 산악 자전거를 타는 사람 5명 중 4명에게서 양성 종양이 발견됐고 44퍼센트의 부고환에서 칼슘 적체 현상이 나타났다. 가장 섹시해 보이는 남자들이 발기 부전이라니! 참으로 아이러니한 상황이 아닐 수 없다. (그래서 페르디난트 프라우셔는 대안으로 탄력이 뛰어난 바퀴와 안장 가운데 홈이 패인 인체 공학적 형태의 자전거를 추천한다.)

성형을
권장하는 사회

프랑스의 사회학자인 피에르 부르디외Pierre Bourdieu는 '신체자본'이라는 말로 인간의 몸을 설명했다. 잘 단련된 외모와 몸매는 이미 오래 전부터 외모 이상의 의미를 가졌다. 훌륭한 몸과 아름다운 외모가 자본이자 성공을 얻게 해 주는 중요한 수단이 된 것이다. 자본 사이에는 언제나 경쟁이 있다. 거대한 미용 산업이 신체자본의 치열한 경쟁에 불을 붙이고 있는 것이다. 이제는 남자들까지 이 경쟁에 뛰어들고 있다. 남성의 10명 중 1명이 색조 화장을 하고 지나친 다이어트로 인한 섭식 장애를 앓는 남자들도 늘고 있다.

아름다운 몸을 만드는 경쟁에 있어 가장 중요한 요소는 거울이다.

과거에는 자기 얼굴에 대한 평가가 타인에 의해 이루어졌다. 하지만 현대에 발명된, 지나칠 정도로 선명한 거울로 인해 스스로의 외모를 직접 평가하는 시대가 왔다.

여자에게 거울은 미용을 위한 보조 기구가 아니라 통제 또는 검열 장치가 됐다. 여자가 거울을 보는 것은 자기의 아름다운 외모를 감상하기 위해서가 아니다. 외모의 결점을 찾아내고 스스로를 늘 자신의 모습을 비판적으로 확인하기 위해서다. 거울을 보며 자신의 모습에 만족하는 여성은 거의 없다. 거울은 자신을 비추고 있지만 거울에 비친 자신을 타인의 시선으로 엄격하게 평가하기 때문이다.

여자는 거울 앞에서도 무의식적으로 다른 여성과 비교하면서 끊임없는 경쟁에 자신을 몰아세운다.

"거울아, 거울아, 이 세상에서 누가 제일 예쁘니?"

백설공주에 등장하는 여왕처럼 우리는 모두 자신의 미모를 평가받으려 한다.

어린 시절에 갖고 놀던 바비 인형은 여성들에게 규정된 미의 기준을 제공했다. 현실에서는 거의 불가능한 몸매를 지녔지만 그것이 이상적인 몸매라고 믿고 자란 여성들은 아름다움을 향한 경쟁에 치열하게 뛰어든다.

아름다움은 아주 적은 수의 사람들만이 가질 수 있으며 그 누구도 영원히 유지할 수 없다. 그러나 이 사회에서 아름다워지려는 여자들의 욕망은 언제나 적극적으로 권장돼 왔다. TV프로그램이나 CF는 노골적으로 마르고, 어리고, 아름다운 여성을 찬양하고 이를 일종의 자기계발이나 여성스러운 행동의 규범으로까지 인식한다. 아름다움을 놓고 펼쳐지는 경쟁은 여성들에게 허용된 몇 안 되는 공개경쟁의 영역이 됐기 때문에 사회적인 제재를 받지 않고 더욱 치열하게 진행될 수 있었다.

아름다움에 대한 경쟁은 청소년들에게도 옮겨 갔다. 요즘은 10대 청소년들도 색조 화장을 하고 몸매가 드러나도록 교복을 고쳐 입는다. 놀라운 것은 이런 단장이 남학생들에게 잘 보이기 위한 것이 아니라는 점이다. 독일의 『쥐트도이체 차이퉁Süddeutsche Zeitung』지에 의하면 남학생을 의식하고 화장하는 여학생은 전체의 약 10퍼센트뿐이라고 한다. 여학생들이 중요하게 여기는 것은 남학생들의 시선이 아니라 또래 아이들 사이에서 벌어지는 아름다움의 경쟁이다.

특히 자신의 가치에 대한 확신을 갖지 못하는 여자아이들일수록 다른 아이들과의 외모 경쟁에서 밀리는 것을 두려워하며 몸에 더욱 집착하는 경향을 보인다. 이제 아름다운 몸은 말 그대로 치열한 투쟁의 영역이 된 것이다. 더 예쁘고 날씬한 몸을 향한 욕망은 여성들에게 끊임없이 수술로 몸을 바꾸길 권하고 다이어트를 강요한다. 모델처럼 마른 여성들이 TV에 나와 미의 기준을 제시하고, 성형을 하면 당신도 얼마든지 연예인 같은 얼굴을 가질 수 있다고 권유하는 프로그램이

버젓이 방송된다. 압구정 역 주변에는 성형외과들이 백화점 매장처럼 줄지어 서 있고 여성들은 백화점에서 아이쇼핑을 하듯 가벼운 마음으로 성형 상담을 받는다. 최근에는 대출을 받아서라도 성형을 하라는 몇몇 병원들이 대출 알선까지 나서고 있어서 사회적인 물의를 일으키기도 했다.

지나가는 여자들 중에 아무나 붙잡고 지금 다이어트 중이냐고 물으면 거의 대부분 그렇다고 답할 것이다. 자신의 몸이 객관적으로 어떻게 보이는지는 중요하지 않다. 비쩍 마른 여자들조차도 자신이 뚱뚱하다고 생각하고 다이어트를 해야 한다는 강박에 시달리고 있다. 그래서 한국 여성들의 5명 중 1명은 지나친 다이어트로 영양 부족을 겪고 있을 정도다. 심지어 충분히 멋진 몸을 가진 여자들마저 자기 몸을 개조하는 열풍에 빠져든다. 도대체 얼마나 예뻐지고 말라야 만족할까. 혹은 누구에게 얼마나 인정받아야 이 강박을 멈출 수 있을까.

거울아, 거울아,
세상에서 내가 제일 예쁘지?

"거울을 보면 뭐해요. 저는 보지 않아요."
거울을 보지 못하는 여자들이 있다. 거울 속에 비치는 자기의 결점을 보지 못하는 것이다. 이런 여성들이 자기 검열을 하는 여성들보다 더 심각한 문제를 가진 경우가 많다. 자신의 몸을 거부하고 자부심을 갖지 못하는 것이다.

자기정체성을 뜻하는 '아이덴티티identity'는 '나는 누구인가?'에 대한 질문에 얼마나 잘 답할 수 있는지에 따라 달라진다. 자신의 현실을 얼마나 잘 받아들이고 인정할 수 있는지가 가장 중요한 요소다.

아름다움의 경쟁에서 가장 앞장 선 사람들은 연예인이다. 남자라면 초콜릿 복근과 멋진 몸매, 여자라면 아름다운 외모는 필수 요소다. 그러나 그저 아름다운 몸과 외모만으로는 충분히 사랑받지 못한다. 큰 소리를 내거나 과장된 몸짓을 하는 배우만이 이목을 끄는 것은 아니다. 차분하게 확신에 찬 모습으로 연기하는 배우에게도 눈길이 가는 것은 과장된 어필을 하지 않아도 자기 나름의 매력을 은근하게 드러내기 때문일 것이다. 누구와도 대체할 수 없는 매력을 갖는 것은 무엇보다 중요하다. 이 매력은 자신에 대한 자부심을 갖는 것에서 발산되기 때문이다.

더 이상 거울 속에 비치는 자신에게 "거울아, 거울아, 세상에서 누가 제일 예쁘니?"라고 묻지 말자. 나에 대한 자부심은 나에게서 비롯된다. 타인의 거울로 평가받아야 완성되는 것이 아니다. 그저 당당하게 "세상에서 내가 제일 예쁘다!"라고 외쳐 보자. 그런 자신의 모습이 다소 민망하게 느껴지더라도 더 이상 타인의 창으로 세상을 보고, 사회의 눈으로 자신을 재단하지 말아야 한다.

모델들은 카메라 앞에 설 때 의식적으로 지금 이 순간 자신이 가장 멋지다는 생각을 한다. 자신이 가장 멋지다는 자부심이 있어야 자신감 있는 멋진 포즈가 나오기 때문이다. 화보 속에서 누구보다 멋지게 의상을 소화하는 모델처럼 지금 내 모습이 가장 멋지다는 생각, 나로 충분하다는 생각. 그것이 자신의 매력을 완성해 줄 것이다.

집,
또 하나의 자아

🌿 변화

집이라는 공간에는 가족의 습관, 전통, 역사, 추억, 사랑, 행복, 꿈 등 한 가정의 모든 것이 담겨 있다. 그래서 집은 물리적 공간이면서 심리적 공간이다. 이러한 집을 끊임없이 변화시키려는 여성의 욕망은 존중받아야 한다. 이는 자신과 가정의 변화를 바라는 내면의 바람이 투영된 것이기 때문이다.

　　　　　많은 현대인들이 무미건조한 사각형의 아파트에 살고 있다. 시공의 편의와 경제적 효율성을 위한 아파트의 획일적인 구조와 형태는 주거 환경의 개성을 앗아갔다. 거실의 한쪽 벽면에는 TV가 설치되고 맞은편에는 소파가 놓인다. 주방의 싱크대는 식탁과 마주보는 구조로 돼 있고 안방의 창가에는 침대와 대형 장롱이 나란히 자리한다. 대부분의 사람들이 아파트의 구조와 환경에 적응하며 살아가지만, 그러면서도 그 안에서 자신만의 개성과 취향을 찾고자 하는 사람들이 있다. 바로 여성들이다.

　　주부들은 가족 구성원 가운데 누구보다 앞장서서 거실에서 TV를 몰아내고 서재로 꾸미는가 하면, 획일적인 장식장을 자신만의 스타일로 리폼하기도 한다. 침실과 드레스룸을 구분해 쾌적한 공간을 만들기도 하고 손수 만든 가구나 소품으로 집 안을 가득 채우기도 한다. 주부들에게 집은 또 하나의 자아다.

2년 전 큰맘 먹고 아파트에서 지금 살고 있는 단독주택으로 이사했을 때, 나의 아내 역시 지금껏 본 적 없는 인테리어 본능을 활짝 꽃피웠다. 주방, 거실, 복도, 계단, 베란다 등 집을 구성하는 모든 공간을 손보느라 우리 집은 연중 '공사 중'이었다. 그러는 동안 우리 집은 점점 잡지에 나올 법한 근사한 집으로 변해 갔다. 아내에게 집은, 자신을 표현할 수 있는 몇 안 되는 요소 중 하나였던 것이다.

집의 구조 자체는 이미 완성돼 있는 것이니 더 이상 손을 댈 수 없지만, 내부에는 자신만의 개성과 취향을 담아낼 수 있다. 그래서 마음만 먹으면 집을 통해 자기표현의 욕구를 충족시킬 수 있다. 때론 경쟁적으로 남들보다 더 뛰어난 인테리어를 하기 위해 많은 시간과 노력을 들이기도 한다. 그러니 누군가 현관에 들어설 때 "집이 참 예쁘다."라는 말이라도 하면 자신의 노력과 취향을 인정받은 것처럼 기쁜 마음이 드는 것도 당연한 일이다.

이케아를
선택하는 이유

스웨덴 가구 브랜드 '이케아IKEA'는 전 세계인의 사랑을 한 몸에 받고 있는 유명 브랜드다. 비교적 저렴한 가격과 심플한 유럽풍 디자인으로 인기몰이를 하고 있는 이 브랜드의 인기 비결은 다름 아닌 '조립'에 있다. 조립이 필요한 가구는 완벽하게 만들어진 완제품보다 훨씬 번거로운 작업이 필요한데도 인테리어에 개입하는 개인의 기여가 크게 작용하기 때문에 오히려 더 인기가 많다. 또 조립이 필요한 제품이기 때문에 완제품에 비해 저렴하다. 비싼 고급 가구를 마음껏 들여놓을 수 있는 경제력을 가진 사람보다 그렇지 않은 사람이 더 많다는 것을 감안할 때 이케아는 주부들의 로망을 훨씬 싸고 효율적으로 실현시켜 주었다.

집을 꾸민다는 것이 단순히 세련된 미적 감각을 발휘하거나 편리함만을 추구한다는 의미는 아닐 것이다. 집이라는 공간에는 가족의 습관, 전통, 역사, 추억, 사랑, 행복, 꿈, 슬픔 등 한 가정의 모든 것이 담겨 있다. 그래서 집이라는 공간 속에 펼쳐 놓은 다양한 물건과 가구들은 가족의 일상과 기억을 간직하고 있는 상징이자 삶의 기록이다. 또 집 안의 풍경은 가족의 삶과 정서에도 큰 영향을 미치며 편안함, 깔끔함, 따뜻함과 같이 전반적인 가족상을 드러내기도 한다. 따라서 집 안의 모습을 보면 집의 주인인 여성들의 마음 상태와 대인 관계는 물론 세상을 어떻게 바라보는지, 인생에서 중요하게 여기는 가치와 아름다움이 무엇인지까지 느낄 수 있다.

집은 물리적 공간일 뿐 아니라 심리적 공간이기도 하다. 소설가 알랭 드 보통은 우리의 행복과 집의 환경은 명백하게 연결돼 있다고 했다. 작은 인테리어의 변화에 기분이 바뀌어 본 경험이 있다면 이 말에 충분히 공감할 수 있을 것이다.

내가 아는 어떤 여성은 아이들과 함께 시간을 보내기 위해 워킹맘으로서의 고단했던 삶을 정리하고 전업주부로서의 생활을 시작했다. 그런데 그렇게 바라던 아이들과의 시간을 보내려는 순간 우울증이 찾아왔다. 한동안 이유를 알 수 없었다. 우울할 이유가 하나도 없었기 때문이다. 그녀는 '이러려고 일을 그만둔 게 아닌데…. 어떤 일이든 해야겠다.'는 생각으로 집 꾸미기에 시간과 열정을 쏟았다. 직접 소품을 만들고 필요한 것은 발품을 팔아 구하러 다니는 동안 몸은 힘들었지만 정신 건강은 오히려 좋아졌고 어느 순간 우울증도 씻은 듯이 사라졌다.

그녀는 왜 갑자기 우울증이 찾아왔는지 생각해 봤다. 그녀는 일을 싫어하지 않았다. 하지만 아이들이 더 소중했기에 일을 그만뒀다. 괜찮을 줄 알았던 일에 대한 상실감이 우울증으로 나타났고 그녀는 일을 하지 않고 집에만 있는 자신에게서 더 이상의 가치나 의미를 찾을 수 없었다. 그러던 그녀는 자신의 손을 통해 조금씩 달라지는 집을 보면서 자신과 삶의 의미를 발견하게 됐다. 이제 다른 역할이 주어졌지만 이를 통해 다른 변화를 만들어 갈 수 있다는 자신감과 확신을 얻게 된 것이다.

인테리어가 우울증에 좋다는 말을 하려는 것은 아니다. 사람은, 특히 여자는 물질만으로는 만족할 수 없고 의미를 찾는 데서 행복해지는 존재라는 것을 말하고 싶었다.

이처럼 많은 주부들이 인테리어에 열중하는 것 역시 끊임없이 자신의 마음을 더 나은 방향으로 나아가게 하려는 의지로 볼 수 있다. 세계적인 인테리어 디자이너는 우치다 시게루는 사람이 사람답게 살기 위해 꼭 필요한 것이 있다면 그것은 변화이며, 변화를 받아들이는 것이라고 말했다. 끊임없이 변화하고자 하는 욕망 즉, 자신이 가장 오래 머무는 공간인 집 안의 변화로 충족시키고자 하는 여성들의 마음을 이해하고 존중해 주는 일은 무척 중요하다. 하지만 이런 아내의 마음을 이해해 주기는커녕 '대충 살지, 뭘 그렇게 꾸미는 데 공을 들이냐.'며 핀잔을 주는 남편들이 있다. 남편들은 가정의 평화와 아내의 행복을 위해 집 꾸미기를 쓸데없는 일로 여길 것이 아니라 아내의 심리적 안정을 위해 꼭 필요한 과정으로 받아들여야 한다.

치유의
집

　　　　　　　　　독일에서 유학 생활을 할 때 학업 문제와
인간관계 문제가 동시에 엉켜 정신이 몹시 피폐했던 적이 있었다. 실
망감과 배신감에 매사에 우울했고 의욕이 없었다. 어떤 일에도 강력
한 동기가 일지 않았던 암울한 시절이었다.

　그 무렵 '피아 엄마'라고 불리는 한 이웃의 저녁 초대를 받게 됐다.
피아는 그분의 늦둥이 어린 딸 이름이었다. 피아 엄마는 오래 전 간호
사로 독일에 왔다가 파일럿인 독일인 남편을 만나 결혼하여 한국말
도 거의 잊어버릴 정도로 오랫동안 독일에 살고 있었다. 마음이 황폐
해진 상태에서 낯선 가정에 방문하려니 다소 부담이 됐지만 초대를
거절할 수 없어 나는 일단 피아 엄마네 집으로 향했다. 처음 문을 열
고 거실로 들어갔을 때 내 눈을 단번에 사로잡은 것은 라인 강을 배경
으로 한 근사한 풍경화였다. 어두운 조명이 소박한 인테리어 소품을
비추고 있는 집에 들어가니 나도 모르게 마음이 포근해지는 것을 느
꼈다. 바닥에는 커다란 터키 카펫이 깔려 있었고 거실과 주방을 연결
하는 곳에 놓인 식탁에는 맛있는 커피와 케이크가 준비돼 있었다.

　처음에는 우울한 마음이 완전히 떨쳐지지 않아 불편했지만 조금씩
피아 엄마네 집의 따뜻한 기운에 젖어들기 시작했다. 그 집에 들어가

기 전까지만 해도 내 마음은 폭풍우가 몰아치는 바다 한복판이었는데 어느새 피아 엄마네 가족들과 독일식 고기 완자를 먹으면서 푸근하게 담소를 나누는 내 모습을 발견할 수 있었다. 순간 집이 나를 다독이고 있다는 생각이 들었다. 이 따뜻하고 고요한 가족이, 정갈한 음식이, 포근한 집이, 나의 마음에 불어 닥친 폭풍우를 모두 걷어내고 있었던 것이다.

내가 머무는 공간은 나의 정서나 심리와 분명히 연결돼 있다. 마음이 복잡한 날에 괜히 걸레질을 해서 방을 뽀득하게 닦거나 어떤 일을 시작하기 전에 책상부터 치워 본 적 없는가. 공간은 나의 삶과 취향, 성격, 마음의 상태를 그대로 반영하는 거울이다.

마음이 바닥까지 가라앉은 날에는 우리가 늘 머물고 있는 공간을 낯선 타인의 시선으로 꼼꼼하게 들여다보자. 먼저 거울을 깨끗하게 닦고 새로운 변화를 시작하자. 생각에만 머무르거나 미루지 말고 자신의 손으로 하나둘 집 안의 모습을 바꿔 나가다 보면 자신도 모르는 자신의 새로운 모습을 발견하게 된다. 또 그런 행위를 통해 마음 깊은 곳에 오래 묵혀 놓았던 자신의 진정한 내면을 표현하는 기쁨을 맛보게 될 것이다.

여행,
그 속 깊은 사유의 시간이여

🍃 회복

부대끼는 일상에서 벗어나 자기에게 집중할 시간은 누구에게나 필요하다. 엉켰던 관계의 실타래를 풀고 해묵은 감정을 소화하고 새로운 시선으로 자신을 바라보는 여행을 통해 우리는 더 나은 삶을 살아 낼 수 있다.

아주 멀리까지 가 보고 싶어 / 그곳에선 누구를 만날 수가 있을지

아주 높이까지 오르고 싶어 / 얼마나 더 먼 곳을 바라볼 수 있을지

작은 물병 하나, 먼지 낀 카메라 / 때 묻은 지도 가방 안에 넣고서

언덕을 넘어 숲길을 헤치고 / 가벼운 발걸음 닿는 대로

끝없이 이어진 길을 천천히 걸어가네

김동률의 '출발'이라는 노래를 들을 때마다 나도 모르게 가슴이 뛴다. 반복되는 일상이 답답하고 지루할수록 이런 노래를 들으면 어디라도 떠날 수 있을 것 같은 마음에 설레고 흥분된다.

어디선가 계절의 작은 변화를 알리는 따뜻한 바람이 불어올 때, 나는 늘 여행을 꿈꾼다. 사실 막상 여행을 떠나면 불편한 점이 참 많다. 잠자리가 바뀌니 깊은 잠에 들기 어렵고, 화장실 가는 것도 집에서만큼 편하지가 않다. 아무리 최고급 호텔에 머물러도 집이 주는 안락함과 편안함에 비교할 수는 없다. 몸은 예민하게 낯선 여행지를 알아챈다.

그럼에도 굳이 여행이라는 낯선 경험을 선택하는 것은 '떠남' 자체에서 오는 해방감 때문이다. 여행은 평범하고 지루한 일상에 새로운 채널을 제공한다. 언제나 똑같은 채널 속에서 다람쥐 쳇바퀴 돌 듯 반복적인 생활을 이어 가다 보면 여행이 주는 낯섦 자체가 삶의 균형을 유지해 준다. 내가 사는 공간과는 전혀 다른 장소에서 전혀 다른 사람들을 만나고 새로운 풍경을 마주하는 일이 또 다른 인생의 동력으로 작용하는 것이다. 그리고 낯선 여행지에서 집으로 돌아왔을 때 느끼는 편안함과 안도감은 우리를 다시 일상에 살게 한다.

내가 갓 20대에 접어들었을 무렵, 누구나 쉽게 배낭 하나를 둘러메고 유럽 등지를 여행하는 일이 본격화되기 시작했다. 당시 아버지의 직장 때문에 독일에 살게 되면서 나는 방학 때마다 유럽 곳곳을 여행할 수 있었다. 새로운 곳을 여행하며 새로운 사람들을 많이 만났다. 직업도, 연령도, 살아온 이력도 제각기 다른 사람들을 만나면서 다양한 삶을 엿볼 수 있었다. 당시 나의 좁은 인간관계를 생각하면 일상에서는 거의 불가능한 일이었다. 그들과의 만남을 통해 그동안 알지 못했던 새로운 세계를 만났고, 그 만남이 설사 그리움과 아픔으로 다가올지라도 만남 그 자체만으로도 소중한 경험이었다.

나를 위한, 나에 의한, 나의 여행

30대가 되고 결혼을 하면서 나의 여행은 더이상 새로운 만남을 위한 여행이 될 수 없었다. 여행은 곧 '가족 여행'이 됐고 곁에는 아내와 아이가 있었기 때문에 여행지에서 굳이 새로운 사람을 사귈 필요도 없어졌다. 낯선 곳에서도 우리는 외롭지 않았고 여유 있게 주변을 관찰할 수 있었다. 누군가와 함께하는 여행이 되다 보니 새로운 만남과 낯선 문화에 도취되기보다는 현실적 흥미인 음식에 관심을 갖게 됐다. 그러니까 이제는 새로운 사람과의 만남이 목적이 아닌 맛집을 찾아다니는 여행을 하게 된 것이다. 아마 누군가는 쇼핑이나 휴양 등이 비슷한 의미를 가질 것이다.

나는 이제 더 이상 낯선 곳에서 낯선 사람을 만나고 그들의 삶을 들여다보던 호기심 많은 젊은이가 아니다. 가족과 함께 다니며 오늘은 어떤 음식을 먹을까 고민하는 평범한 가장이 됐고, 여행은 내게 재충전의 시간이자 가족과 함께 보내는 소중한 휴식의 의미를 갖게 됐다.

물론 요즘도 종종 혼자서 여행을 떠난다. 지방이나 해외에서 강연 요청을 받았을 때가 그때다. 이 시간은 나에게 꼭 필요한 시간이다. 예전처럼 혼자서 해외로 훌쩍 떠날 순 없지만 나는 이 시간을 통해 새로운 사람을 만나며 낯선 사람들의 설렘과 호기심을 마주한다. 안타깝지만 일상에서는 나를 그런 눈빛으로 바라봐 주는 사람이 많지 않다. 그래서 그런 호기심을 마주하면 나는 신이 나서 더 열정적으로 강의하곤 한다. 사실 이런 시간은 여행이라기보다는 목적이 있는 출장에 가깝지만 새로운 사람들과의 만남이 있다는 점에서는 나는 이를 여행이라고 느끼는 것 같다.

이렇게 혼자서 여행을 할 때 나는 직접 운전하기보다는 기차나 버스, 비행기를 이용한다. 승용차를 이용하면 직접 운전을 해야 하기 때문에 생각하는 데 집중하기 어렵지만 기차나 버스에서는 자신에게 온전히 집중할 수 있기 때문이다. 쉽게 풀리지 않는 고민이 있을 때 확 트인 시야를 제공하는 이런 '탈것' 안에서 골몰히 생각하다 보면 의외의 실마리가 떠오르기도 한다. 빠른 속도감 때문에 해방감을 느낄 수 있고 차창 너머로 다양한 풍경들이 펼쳐지니 생각의 실타래들을 하나씩 정리하기에도 좋다. 미처 생각하지 못했던 생각과 아이디어들이 여행이라는 새로운 체험 속에서 발현되고 정리돼 가는 것이다. 그래서 여행을 마치고 나면 자기도 모르는 사이에 성숙해진 자신을 발견하기도 한다.

여행을 꿈꾸고
이야기하라

현실에 충실하다는 말은 끊임없이 나에게 무언가를 양보하고 있다는 말이다. 업무에 양보하고, 약속 일정에 양보하고, 상사에게 양보하고, 즐거움을 양보하고… 이 모든 양보를 통해 우리는 성공이라는 현실적 목표를 향해 달려가지만 삶의 피로는 겹겹이 쌓여만 간다. 여행은 이런 삶의 피로에서 우리를 잠시 떨어뜨려 놓는다. 때론 현실을 재해석할 기회를 주고 새로운 시각으로 고정된 사고의 틀을 벗어나게 하기도 한다. 시각을 전환해 자신의 내면을 들여다보면 그 안에서 온갖 욕망과 모순, 회피, 희망 같은 감정들이 뒤죽박죽 엉켜 있는 것도 발견할 수 있다. 이 모든 감정을 아무것도 해소하지 못하고 꾹꾹 참기만 하며 살아간다면 어느 순간 나도 모르게 모든 것을 포기하고 싶은 순간을 맞거나 애먼 데에 감정을 폭발할 수도 있다.

건강하게 살기 위해 자신의 내면을 들여다보는 시간은 반드시 필요하다. 숨 가쁘게 달리기만 하는 사람이 도처에 있는 낯선, 그러나 당장은 아무런 가치가 없어 보이는 것들에 눈을 두기란 쉽지 않다. 하지만 가만히 시간을 내어 충분히 상상할 수 있는 사람만이 창조적인 일을 할 수 있다. 한병철의 『피로사회』에서도 이에 대해 잘 설명하고 있다. 현존하는 악기 중 가장 고가의 악기를 만든 현악기 장인 안토니오 스트라디바리Antonio Stradivari는 베네치아 부둣가에 잔뜩 쌓여 있던 부러진 노櫓 더미에서 세계 최고의 바이올린을 만들어 냈다. 아무도 주목하지 않았던 부러진 노에서 바이올린이라는 새로운 생명을 불어 넣은 것이다. 마치 연금술을 통해 모래를 황금으로 변화시킨 듯한 극적인 결과였다. 여행은 이처럼 일상 속에 엉킨 실타래 같은 삶의 더미를 황금으로 변화시키는 삶의 연금술이기도 하다.

어느 날 TV를 보다가 치킨집을 운영하는 평범한 부부의 인터뷰를 봤다. 이 부부의 소망은 언젠가 2박 3일 일정으로 제주도 여행을 가는 것이라고 했다. 그 꿈을 갖고 열심히 일하고 열심히 삶을 살아내고 있었다. 이 부부에게 제주도 여행은 언젠가 이루고 싶은 꿈이자 고단한 하루를 견딜 수 있게 하는 힘이었다. 하루도 쉴 수 없는 빠듯한 삶이지만 여행이라는 꿈을 통해 피로를 이겨 내고 있었던 것이다.

여행이란 그런 것이다. 떠나는 순간이나 기다리는 순간, 그 모든 순간들이 삶의 희망이 되기도 한다. 실제로 여행의 여부와 상관없이 여행을 위해 돈을 모으고, 계획을 세우고, 짐을 싸는 그 모든 순간이 아마 이 부부의 일상을 황금으로 변화시키는 연금술이 될 것이다.

여행을 꿈꾸고 이야기하고 기다리는 모든 과정은 그 자체로 여행의 시작이다. 사랑하는 사람과 여행을 꿈꾸고 틈날 때마다 그것에 대해 이야기하자. 그것만으로도 두 사람 사이에는 기쁨이 가득할 것이다. 피곤한 하루를 보내고, 또 내일의 업무를 생각하며 마음이 무거워질 때에도 여행에 대한 기대와 설렘이 있다면 하루를 견디고 즐길 수 있는 힘을 얻을 수 있다.

여유가 있다면 고급 숙박 시설이 있는 곳으로 떠나도 좋다. 다른 사람에게 자랑하고 잘 보이기 위해서가 아니라 스스로에게 휴식을 주고 자신감을 불어넣기 위해 평소에는 저지르지 못할 과감한 투자를 해 보는 것이다.

삶의 일부로서의
여행

한때 유행했던 광고 카피가 있다. 바로 '열심히 일한 당신은 떠나라!'다. 이 카피는 여행이란 열심히 일하고 열심히 삶을 살아낸 자신의 대한 보상이라는 점을 강조했다. 프로이트 Sigmund Freud도 건강한 삶이란 곧 일과 사랑을 유연하게 이끄는 삶이라고 정의했다. 열심히 일하고 뜨겁게 사랑하기 위해 자신에 대한 보상은 반드시 필요하다.

프로이트는 자기 절제와 근엄함을 유지하며 일과 사랑에서 성공한 사람이다. 일에서는 놀라운 집중력과 창조성을 발휘했고 아내에게는 충실한 남편, 자녀들에게는 헌신적인 아버지였다. 그는 일과 사랑의 균형을 유지하기 위해 가족들과 자주 여행을 떠났다. 그에게 여행은 삶에 지쳐 일상을 벗어나기 위한 도피처가 아닌 일상의 일부였다.

많은 여성들이 삶의 고단함에서 탈출하고자 열심히 여행 경비를 모아 어딘가로 떠난다. 때로는 잘 다니던 직장을 하루아침에 그만두고 여행을 훌쩍 떠나기도 한다. 물론 여행은 필요하다. 하지만 여행 이후에도 일상은 계속되기 때문에 여행 이후의 삶도 생각하고 떠나야 한다.

많은 여성들이 미친 듯이 여행 경비를 마련했다가 여행지에서 그것들을 모두 써 버리고 에너지를 모두 방전한 채 다시 일상으로 돌아온다. 그런 그녀들은 대부분 여행 후유증을 겪는다. 긴 여행과 일상 사이에 놓인 괴리감으로 고통스러워하고, 여행의 피로가 일상의 복귀를 방해해 되려 오히려 무기력해지기도 한다. 분명 용감하고 멋지게 보였던 그녀들이 한순간에 지치고 초라한 모습으로 변모할 때, 여행이란 떠남 자체의 의미가 아닌 일상의 일부로서 이루어져야 함을 절실히 깨닫곤 한다.

젊은 시절 독일에 살면서 독일인들의 여행 패턴이 우리나라 사람들의 그것과는 사뭇 다르다는 걸 느꼈다. 외국에서 만난 한국 여행자들은 정신없이 움직이고 놀면서 쉼 없이 에너지를 쏟아 낸다. 여행지에서 일이나 사랑을 할 때보다 더 많은 에너지와 열정을 쏟았기에 '쉬기 위한 여행'이 아닌 '일상에서 누리지 못한 재미를 얻기 위한 여행'을 하는 것처럼 느껴졌다. 물론 여행 취향과 목적은 모두가 다르다. 어떤 여행이 더 낫다고 딱 잘라 말할 수는 없다. 하지만 이런 여행은 당장 굉장한 재미를 얻는 것처럼 보이지만 일상으로 빨리 돌아가는 데는 어려움을 줄 수 있다.

독일인들에게 여행은 쉽다. 그들은 보통 여름에 한 달 이상의 긴 휴가를 떠나고, 특별한 곳이 아니라도 모래밭에서 하루 종일 책을 읽고 두런두런 이야기를 나눈다. 방전이 아닌 충전의 시간을 보내는 것이다. 이런 휴가를 보낸 독일인들은 쉽게 일상과 업무에 복귀에 뛰어난 집중력을 발휘하곤 한다(물론 우리나라에서는 이렇게 장기 휴가를 얻기도 힘들겠지만 말이다).

외국 여행을 하다 보면 6개월 이상의 장기 여행 중이라는 여행자들을 자주 만난다. 여행 기간이 길수록 자신의 체류 기간을 자랑스럽게 말하는 여행자들도 있다. 하지만 나는 그들에게서 어딘지 모를 피로감도 함께 느꼈다.

여행만을 위한 여행은 우리의 일상과 삶을 오히려 손상시킨다. 우리는 영원히 방랑하고 여행하는 보헤미안이 아니다. 언젠간 다시 현실로 돌아와야 할 생활인이며, 그렇기에 여행이 단순한 탈출이 돼서는 안 된다. 여행은 일과 관계에서 새로운 채널을 돌리는 도전이고 모

험이다. 새로운 채널과 현재의 채널에서 균형을 유지하기 위해서는
여행이 항상 일상과 연속선상에 놓여 있어야 할 것이다.

인생이라는
한 권의 책을 쓰는 일

🍂 스토리

실패 없는 삶은 없고 완벽한 인생도 존재하지 않는다. 하지만 실패와 불행의 순간에서 헤어 나오지 못하고 숨기기에 급급한 사람이 있는 반면 용기 있게 이를 받아들이고 극복하는 사람이 있다. 일생의 순간을 어떻게 바라보느냐에 따라 인생의 스토리는 해피엔딩이 될 수도, 새드엔딩이 될 수도 있다.

'이야기'라고 하면 보통 어린 시절 자주 접했던 전래 동화나 설화 같은 것들을 떠올리기 마련이다. 하지만 오늘날 '이야기'는 우리가 사는 세상의 거의 모든 곳에 널려 있다. TV드라마나 영화, 연극뿐만 아니라 CF, 뉴스, 심지어 공산품에도 이야기가 들어 있다. 저마다의 스토리로 재구성된 이야기들은 차가운 공산품마저도 생명력을 얻게 한다.

오래된 이야기는 곳곳에서 차용되기도 한다. 오래전, 한 햄버거 CF에서 "니들이 게 맛을 알아?"라는 카피가 인기를 얻은 적이 있었는데 이 CF는 헤밍웨이의 『노인과 바다』를 패러디한 것이었다. 엄청난 자큼이 들어간 블록버스터 영화들도 오래된 고전을 영상화하는 일이 흔해졌고, 어떤 영화든 스토리가 탄탄하지 않으면 관객에게 외면을 받는다. 반면 적은 자본으로 만들어진 영화라도 스토리가 충실하면 놀라운 성공을 거두기도 한다. 바야흐로 스토리의 시대다.

세계에서 가장 성공한 여성 중 한 명인 오프라 윈프리는 누구보다 드라마틱한 삶을 살았다. 미국 미시시피의 작은 시골 마을에서 사생아로 태어난 흑인 소녀가 자산 6억 달러의 갑부가 되고, 토크쇼의 여왕이 됐으며, 영화와 TV 제작자로도 명성을 얻었으니 어쩌면 영화보다 더 영화 같은 삶을 산 셈이었다. 『타임』지 선정 '20세기의 인물', 『월스트리트 저널』 선정 '미국인이 존경하는 인물 3위', 『포춘』지 선정 '미국 최고 비즈니스 우먼 2위' 등 그녀에게는 수많은 성공의 수식어가 따라 붙는다. 그런 그녀의 놀라운 성공 뒤에는 다른 여성들에겐 없는 이야기가 있었다.

그녀는 어린 시절부터 가난과 비극적인 개인사로 고통받았다. 파출부 일을 하는 어머니의 수입으로 겨우 살아야 했고 그렇게 바쁜 어머니의 보살핌을 제대로 받지 못했다. 아홉 살 때는 사촌으로부터 성폭행을 당했으며 이후 친척과 이웃에게도 무자비한 성폭행을 당해 열네 살 어린 나이에 아이까지 낳게 됐다. 하지만 태어난 아이는 얼마 되지 않아 죽고 만다. 어린 오프라에게는 어디에도 보호와 의지의 대상이 없었다. 극심한 고통 속에서 열네 살 때부터 마약에 손을 대기 시작했고 그녀의 몸과 마음은 황폐해져 갔다.

그러던 오프라는 대학 진학을 포기하고 라디오 방송국에서 일하기 시작했다. 100킬로그램의 거구인 흑인 여성으로 방송 업계에서 자리를 잡는 일은 쉽지 않았지만 그녀는 점점 자기만의 색깔과 목소리를 내면서 성공을 향해 앞으로 나아갔다. 그리고 〈오프라 윈프리 쇼〉로 일약 스타덤에 올랐다.

하지만 성공에 가까워질수록 어린 시절의 삶이 그녀를 위기에 빠뜨렸다. 유명세를 얻으면서 자연스레 불행했던 과거의 일들이 들추어졌던 것이다. 그녀는 위기의 순간을 정면으로 돌파하기로 결심한다. 방송 중에 20년 전 사귀던 남자와 더 가까워지는 것이 두려워 코카인을 복용한 사실을 털어놓았다. 대본에도 없는 돌발 발언이었다. 공인으로서의 커리어가 위태로워질 수도 있었던 상황에서 자신의 불행한 과거를 솔직하게 털어놓음으로써 불행을 극복하고 성공한 여성으로 인식될 수 있었던 것이다.

대중은 오프라를 단순한 방송인이 아닌 불행의 굴레를 스스로의 힘으로 이겨낸 영웅으로 받아들였다. 물론 오프라가 유명해진 것이 가난과 성폭행, 마약 같은 불행한 과거 때문만은 아니다. 그녀에게는 누구에게도 없는 자신만의 이야기가 있었고, 도저히 성공할 수 없을 것 같은 가난과 불행의 조건을 모두 갖춘 흑인 소녀가 비슷한 운명을 가진 여느 여성들과는 달리 절망에 빠져 자포자기하지 않고 과거를 정면으로 뛰어 넘는 용기를 보여 준 것이 대중의 마음을 사로잡은 것이다.

성공을 빛내는
실패담

"난 흑인이었고, 사생아였고, 가난했고, 뚱뚱했고, 미혼모였다. 그래서 그게 뭐가 어떻다는 거야?"

오프라는 자신의 불행과 상처를 현명하게 이용할 줄 아는 여성이었다. 불행을 수치스러워하고 숨기기 급급한 것이 아니라 용기 있는 고백으로 자신의 인생을 완성해 나갔다. 감동적인 이야기는 사람들의 시선과 마음을 사로잡는다. 오프라의 극적인 인생 이야기는 사람들에게 영화 같은 현실을 경험하게 만들었다.

이야기는 단순한 이야기에 그치는 것이 아니라 우리가 세계를 바라보는 프레임의 역할을 한다. 여러 갈등과 감동, 불행, 반전의 요소들이 잘 배치된 이야기는 사람들의 마음을 사로잡고, 삶에는 여러 가능성이 존재한다는 것을 알게 하여 스스로의 인생을 좀 더 여유 있고 당당하게 바라볼 수 있게 한다.

성공한 리더들에게는 공통점이 있다. 바로 개성 있는 스토리를 가지고 있다는 것이다. 그들의 말과 행동, 업적만이 영향력을 발휘하는 것은 아니다. 바로 그들의 스토리가 사람들의 마음을 움직인다. 성공한 사람이라고 해서 모두 독특한 이야기를 가졌거나 완벽하게 짜여진 인생을 살아온 것은 아니다. 오히려 완벽하지 않기 때문에 그들의 성공은 더욱 빛을 발할 수 있다.

우리는 지난날의 불행과 고통을 후회하고 기억을 떠올리는 것만으로도 수치스러워하며 애써 치부를 감추려고 노력한다. 어린 시절 버림받았다는 것, 가족의 사랑을 받지 못했다는 것, 뜻하지 않은 폭력을 당했다는 것, 따돌림을 당한 유년 시절이 있다는 것, 마음을 나눌 친구가 없어서 늘 외로웠다는 것…. 이렇게 자신을 불행하게 만든 항목을 만들어놓고 자신의 인생에서 불행의 흔적을 지우려고 한다.

하지만 그런 순간이 있었기에 지금 누리는 작은 행복이 존재할 수 있다. 여전히 불행한 기억은 나를 괴롭게도 하지만 그러한 순간들로 인해 오히려 성장할 수 있었고 더 나은 선택을 할 수도 있었다. 그리고 그렇게 겪어 온 실패, 상처, 불행, 성공, 행운, 행복이 어우러져 나만의 스토리가 된다. 물론 자신이 거부하고 싶은 이야기는 다른 사람에게도 거북할 수 있다. 하지만 실수나 실패를 있는 그대로 기억하고 인정해야 한다. 자신의 이야기를 부정하는 것은 자기 자신을 부정하는 것과 같은 말이다. 100퍼센트 불행도, 100퍼센트 실패도 없다. 상처는 내가 어떻게 바라보고 극복하느냐에 따라 얼마든지 인생의 방향을 바꿔 주는 계기가 될 수 있다.

진주는 실패의 소산이다. 모래알 하나가 우연히 조개껍질 안으로 들어오면 조개는 점액을 분비해 진주라는 값진 열매를 만들어 낸다. 잘못 들어온 모래를 다시 내뱉거나 꺼낼 수 있었다면 진주는 만들어지지 못했을 것이다. 조개가 모래를 꺼낼 수 없었기 때문에 어쩔 수 없이 오랫동안 품을 수밖에 없었지만 그 모래를 자기 안에 받아들인 조개는 그것을 완전히 다른 형태로 바꾸고 소중한 몸의 일부로 만들 수 있었다.

심리학자 칼 융은 환자의 벽장 속에서 해골을 꺼내는 것은 별로 어렵지 않지만 황금을 꺼내는 것은 굉장히 어렵다고 했다. 자신이 무능하고, 형편없는 사람이며, 외모도 사랑스럽지도 않고, 성격도 모가 났다는 것을 깨닫고 표현하는 것은 상대적으로 쉬운 일이다. 그러나 자신에게 얼마나 소중한 장점이 있으며 많은 인생의 자원이 있는지를 아는 것은 대단히 많은 시간과 에너지가 필요한 일이라는 것이다. 자기 안에 있는 황금을 발견하고 자신을 소중하고 가치 있게 여기게 되기까지는 많은 노력이 필요하다. 하지만 자기 안의 진주를 발견한다면 자신의 과거와 현재를 가치 있게 여기고 앞으로의 스토리도 긍정적인 방향으로 이끌어 나갈 수 있다.

나는 산다는 것이 좋다. 나는 때로 미친 듯이, 절망적으로, 통렬하게

비참해졌으며, 슬픔으로 찢어졌지만 이제 나는 이 모든 것들을 통해

단지 살아 있다는 것만도 위대한 일임을 매우 확실히 안다.

— 애거서 크리스티Agatha Christie

실수가 만들어 내는
의외성을 즐겨라

　　　　　　얼마 전 약속이 있어서 커피숍에 혼자 앉아
커피를 마시고 있었는데 옆 테이블에 있던 한 무리의 20대 여성들이
하는 말을 듣게 됐다.

"나는 코가 문제야."

"나는 눈이 작아서 마음에 안 들어."

"너는 좋겠다. 예쁘니까."

"예쁘면 뭐하니, 매력이 없는데."

"난 요즘 살이 쪘어."

"나는 너무 마르니까 없어 보여."

서로 자기의 못나고 결핍된 부분을 경쟁하듯이 내뱉고 있는 것을
가만히 듣고 있다보니 마치 '나의 흠 찾아내기' 대회라도 벌어진 것
같았다. 젊은 여성들이 모이면 자신의 단점이나 치부를 드러내기보
다는 스스로를 뽐내는 데 열중할 것이라고 생각했는데 뒤통수를 한
대 맞은 것 같은 충격이었다. 어쩌자고 이토록 자신의 단점만을 경쟁
적으로 털어놓는 것일까. 이런 대화는 사실 남자들에게 대단히 낯선
내용들이다. 남자들은 자신의 외모가 마음에 안 든다고 해서 이러쿵
저러쿵 늘어놓지 않기 때문이다.

이 젊은 여성들에게 필요한 것은 어쩌면 성형이 아니라 자기 자신을 있는 그대로 받아들이고 이해하는 시간이라는 생각이 들었다. 자기 자신을 바라보며 이야기를 발견하고 편집하는 것은 자신만의 황금을 캐는 것이다. 자신의 외모 혹은 삶에서 못마땅하거나 불행하다고 생각되는 부분은 오히려 우리 삶의 소중한 가치를 깨닫게 해 준다. 처음에는 그것들이 감추고 싶은 실수나 불행으로 보이겠지만 이 시간을 어떻게 편집하고 받아들이느냐에 따라 인생의 스토리는 달라질 수 있다. 그래서 융은 자신에게 상처와 고통을 준 사람에게 오히려 고마워해야 한다고 말한다. 비록 힘은 들지만 그 덕에 반대편에 있던 자기 안의 황금을 발견할 수 있기 때문이다.

세상에는 실수가 실패로 끝나고 잘못된 일은 결국 성공할 수 없다는 법칙만이 존재하는 것은 아니다. 우리의 실수와 과거의 불행은 새롭고 가치 있는 창조물을 만들기 위한 원재료다. 오히려 상처와 불행을 기회로 여겨 이용하자. 물론 실패를 반추하는 것은 중요하다. 하지만 거기에만 매달려서는 안 된다. 같은 실수를 반복하지 않는다면 비극적인 과거가 오프라에겐 감동적인 스토리의 원천이 됐고, 모래가 진주를 탄생시킨 것처럼 실수와 실패는 미처 알지 못했던 새로운 가능성을 열어 주는 동기가 될 것이다.

완벽한 인생은 존재하지 않는다. 만일 존재한다면 새로운 가능성과 창조적인 미래를 향한 이야기 역시 만들어질 수 없다. 그렇다면 얼마나 재미도, 반전도 없는 인생이겠는가.

얼마 전 대학 동창인 친구와 대화를 나눈 적이 있다. 친구에게는 아들과 딸이 하나씩 있는데 초등학생인 아들은 "어른이 되면 돈을 벌어야 하고 가족도 먹여 살려야 하니까 어른이 되기 싫다."고 한 반면, 딸은 "빨리 어른이 돼서 엄마처럼 일도 잘하고 가정도 이루고 싶다."고 말했다고 한다.

사실 우리 때만 해도 남자와 여자의 역할 개념은 관습을 따르는 경우가 많았다. 하지만 오늘날은 다르다. 딸들이, 여자들이 달라지고 있다. 하지만 이렇게 변한 여성들이 결혼이라는 제도에 편입하는 순간, 변한 것은 여자들뿐이라는 것도 알게 된다. 아내, 엄마, 며느리, 사회인으로서의 의무 속에 허덕이는 여자들이 남자를, 그리고 남자들이 만든 사회를 버리고 싶어지는 것은 당연하다.

하지만 남자들은 모른다. 여자들이 진짜 원하는 것을. 여자들은 지치고 힘들고 외로운 마음을 이해받고 싶어 할 뿐인데 남자들은 '대화'라는 단어만 봐도 부담스럽다. 찾을 곳이 없는 여자들은 결국 상담소를 찾는다. 심각한 이유 때문에 상담소를 찾는 여성은 생각보다 많지 않다. 그녀들에게는 다만 하소연할 데가 필요할 뿐이다. 사실 남자인 나도 상담 일을 꽤 오래 하고 나서야 이 단순한 진리를 깨달았다.

이 책을 통하여 여성 독자라면 위로와 공감을 얻고, 남성 독자라면 곁에 있는 사랑하는 여성을 위해 깨달음과 대화에의 의지를 갖게 된다면 더 바랄 게 없다.

이 책이 나오기까지 수없이 토론하며 여성들의 심리를 대변해 주고 꼼꼼하게 원고를 읽고 수정해 준 아내에게 고마움을 전한다. 아울러 지난 10년 동안 나의 연구실과 상담실에서 함께 울고 웃으며 어려운 시간을 극복해 간 많은 여성들께도 감사의 말을 전한다.

2013년 8월

최광현